Das
Tibetische
Buch der Toten

Das Tibetische Buch der Toten

Die erste Originalübertragung
aus dem Tibetischen

Eingeleitet von Lama Anagarika Govinda

Herausgegeben von Eva K. Dargyay
in Zusammenarbeit mit Gesche Lobsang Dargyay

75 Jahre
OTTO WILHELM BARTH VERLAG

Limitierte Jubiläumsausgabe 1999

Einbandgestaltung: Gerhard Noltkämper

INHALT

DIESER AUSGABE DES TIBETISCHEN BUCHS DER TOTEN ZUM GELEIT

Lama Anagarika Govinda

Âcârya, Ârya Maitreya Maṇḍala

Vor mehr als einem halben Jahrhundert machte Lama Kazi Dawa Samdup eine Übersetzung des *Bardo-thödol*, die von Dr. Evans-Wentz daraufhin redigiert und veröffentlicht wurde unter dem Titel *The Tibetan Book of the Dead*. Es war zu jener Zeit eine bedeutende Leistung, da vom tibetischen Buddhismus nur wenig bekannt war, so daß selbst namhafte Gelehrte die Echtheit des Textes bezweifelten und vermuteten, daß Evans-Wentz einem Betrug zum Opfer gefallen war, indem ihm ein gefälschtes Manuskript in die Hände gespielt worden sei. Man übersah dabei, daß die Fälschung eines solchen Manuskriptes in klassischem Tibetisch nur einem Gelehrten von hohem Rang möglich gewesen wäre und daß es kaum einem solchen zuzutrauen wäre, um einer Fälschung willen eine solche Arbeit auf sich zu nehmen. Ja, es wäre einfacher, eine solche Arbeit unter eigenem Namen in die Welt zu setzen, als sie Padmasambhava zu unterschieben. Doch dies ist nur ein Beispiel für den Skeptizismus jener Zeit, in dem Tibet und tibetische Literatur in den meisten Kreisen unbekannt waren.

Inzwischen ist der *Bardo-thödol* zu einem der berühmtesten Werke der Weltliteratur geworden, und als solches verdient er nicht nur die größte Beachtung der Philologen, insbesondere der Tibetologen, sondern auch der Psychologen, die viele wichtige Entdeckungen seit dem Bekanntwerden des *Bardo-thödol* gemacht haben und wie z. B. C. G. Jung bedeutende Kommentare über ihn schrieben. Hierdurch ist der *Bardo-thödol* in das Zentrum modernen Denkens und wissenschaftlicher Forschung gerückt. Wir beginnen, dieses Werk nicht nur als ein bedeutendes Dokument religiöser Spekulation oder mythologischen Denkens zu betrachten, sondern als eine Fundgrube psychologischer Erkenntnis, die der Menschheit als Ganzes zugute kommt und nicht nur das Gut einer bestimmten Religion oder Kultur ist. Wir müssen unsere Einschätzung dessen, was wir für ein Produkt primitiver Folklore hielten, revidieren, und ebenso, was wir für zivilisatorisch fortgeschritten ansahen. Die Tibeter mögen auf dem Gebiet technischer Entwicklung zurückgeblieben sein, aber um so fortgeschrittener waren sie auf dem Gebiete der Psychologie und insbesondere meditativer Techniken. Man braucht nur Werke wie den *Lam-rim-chen-po* von Tsongkapa oder mKas-grub-rje's *Fundamentals of the Buddhist Tantras* [rGyud-sde-spihi-rnam-par-gźag-par-brjod] zu lesen, um die außerordentlich fein entwickelte Psychologie der tibetischen Scholastik zu bewundern. Erst heute beginnen wir diese weit fortgeschrittenen Ideen dank einer neuartigen Tiefenpsychologie zu verstehen, einer Psychologie, die zum ersten Male über die Grenzen unseres Wachbewußtseins hinauszugehen wagte, um in die tieferen Schichten der menschlichen Psyche vorzudringen.

Die moderne Psychologie entdeckte auf diese Weise die universelle Struktur des Tiefenbewußtseins und ihre Bedingtheit durch Archetypen. Diese spielen nicht nur eine entscheidende Rolle im menschlichen Bewußtsein. Heute wissen wir, daß die Wirklichkeit der Götter und Göttinnen in eben diesen Archetypen besteht, die für das Denken lang vergangener Generationen wie für den heutigen Menschen westlicher Kultur ausschlaggebend sind.

Unter dieser Voraussetzung sehen wir, daß, was uns als bloße mythische Symbolik eines bestimmten Kulturkreises erschien, von universeller Bedeutung ist und Wirklichkeit für die gegenwärtige wie für die zukünftige Menschheit besitzt. Aus diesem Grunde bezeichneten wir die Lehren des *Bardo-thödol* als eines jener seltenen Werke der Weltliteratur wie die Bibel, den Koran, die Upanischads, das *I-Ching*, den *Tao-teh-Ching*, sowohl wie die Dramen Shakespeares und Goethes oder Dantes *Göttliche Komödie* und die großen Werke der Renaissance.

Genauso, wie wir ein immer tieferes Verständnis gewinnen, je mehr Übersetzungen und Interpretationen hervorgebracht werden, um so mehr werden wir den Wahrheitsgehalt jener esoterischen Schriften früherer Zeitalter entdecken, je mehr Versionen uns zur Verfügung stehen.

So schrieb Evans-Wentz vor mehr als einem halben Jahrhundert in seiner Einführung zum *Bardo-thödol*: »Die tibetischen tantrischen Texte, wie der gegenwärtige, sind besonders schwierig in gutes Englisch zu übersetzen, aufgrund der Sprödigkeit vieler Passagen, die es nötig machen, Worte und Phrasen zu interpolieren, die wir jedoch durch Klammern gekennzeichnet haben.

In zukünftigen Jahren ist es wahrscheinlich, daß unsere Wiedergabe – so wie es mit den ersten Übersetzungen der Bibel der Fall war – einer Revision bedarf.* Eine absolut wörtliche Übersetzung eines so tiefsinnigen Werkes, das

* Mit dieser Revision wurde ich vom Verfasser beauftragt, da ich nach dem Tod Lama Dawa Samdups von Dr. Evans-Wentz zu seinem tibetischen Berater berufen wurde. Die von mir revidierte Neuauflage des *Tibetanischen Totenbuches* kam vor einigen Jahren im Walter Verlag in Olten heraus.

außerdem noch in einer symbolischen Sprache geschrieben ist, wird, wenn es von einem Europäer übersetzt wird – der es schwer finden wird, aus seiner westlichen Mentalität herauszukommen, und wahrscheinlich in erster Linie Christ ist und erst in zweiter ein Gelehrter, der sich mit nicht-christlichen heiligen Texten befaßt –, würde wahrscheinlich ebenso irreführend in seiner Wiedergabe sein wie einige der Übersetzungen der alten Sanskrit-Vedas. Selbst für einen Tibeter, sofern er nicht ein Lama ist, der im Tantrismus geschult ist, wie es der Übersetzer war, ist der *Bardothödol* ein versiegeltes Buch.«

Glücklicherweise ist die jetzige Übersetzerin nicht nur eine Kennerin des tibetischen Buddhismus und Privatdozent für Tibetologie an der Universität München, sondern auch mit der lebendigen spirituellen Tradition Tibets eng vertraut. Ihr Mitarbeiter ist ein wegen seiner Gelehrsamkeit vom Dalai Lama empfohlener Lama tibetischer Herkunft und zugleich Lektor für Tibetisch an einer angesehenen Universität [Wien]. So glaube ich, daß wir uns der Führung dieses Forscherpaares getrost anvertrauen können, insbesondere, als es sich auf Dokumente einer Tradition [Gelugpa] berufen kann, die kaum von denen Nyingmapas und Kargyütpas abweichen und das Wesentliche dieses etwa tausend Jahre alten Textes getreu wiedergibt. Darüber hinaus ist zu erwähnen, daß die Tibetologie in den letzten fünfzig Jahren gewaltige Fortschritte gemacht hat, so daß wir heutzutage über Forschungsmittel verfügen, die zu Evans-Wentz' Zeit noch nicht existierten. Er selbst würde der erste sein, der neue Forschungen und Übersetzungen begrüßt hätte, denn jeder persönliche Ehrgeiz war ihm fremd. Ihm lag nur an einer getreuen Wiedergabe des tibetischen Buddhismus, in dem sich der Dharma des Buddha widerspiegelt. Um diesem gerecht zu werden, müssen wir die Leitgedanken und den Ursprung dieses Buches, das nicht nur die Tibeter, sondern die Menschen der ganzen Welt angeht, herausschälen.

Die Lehren des *Bardo-thödol* werden dem großen buddhistischen Apostel Padmasambhava zugeschrieben, der in der Mitte des achten Jahrhunderts unserer Zeitrechnung auf Einladung des Königs Ti-song De-tsen den Buddhismus nach Tibet brachte und das erste Kloster (Samye) gründete. Seine außergewöhnliche Persönlichkeit machte einen so tiefen Eindruck auf seine Zeitgenossen, daß noch heute, nach zwölf Jahrhunderten, die Erinnerungen an sein Leben und seine Taten im tibetischen Volke lebendig sind.

Er war nach allem, was wir über ihn hören, ein Mann, in dem praktisches Wissen und Gelehrsamkeit mit ungewöhnlichen, aus tiefer Geistigkeit fließenden psychischen Kräften vereint waren. Andernfalls würde es ihm nicht gelungen sein, in wenigen Jahren die feindliche Priesterschaft eines barbarischen Landes, das auf der Höhe seiner Macht stand und dem selbst China in jenen Tagen tributpflichtig war, seinem Willen zu unterwerfen. Welche Schwierigkeiten, trotz der Sympathie des Königs und des Hofes, dieser Aufgabe im Wege standen, zeigt die Tatsache, daß der große Gelehrte und Heilige Shantarakshita, der zuerst nach Tibet berufen worden war, das Land nach kurzer Zeit verlassen mußte und erst, nachdem Padmasambhava die Wege geebnet hatte, zurückkehren konnte.

Während Shantarakshita, ohne auf die tibetische Mentalität und Tradition Rücksicht zu nehmen, dem Volke den Buddhismus aufoktroyieren wollte, verfuhr Padmasambhava mehr diplomatisch, denn er war nicht nur ein großer Gelehrter, sondern zugleich ein hervorragender Psychologe. Er verdammte nicht die frühere Religion der Tibeter, sondern respektierte die genii loci, indem er sie in den Kreis der buddhistischen Gottheiten aufnahm, sofern sie den Dharma respektierten und sich ihm unterwarfen. Er verfuhr hier ähnlich wie Buddha, der ebenfalls nicht gegen die Götter vedischer Tradition ankämpfte, sondern sie in sein eigenes System aufnahm. Dort wurden sie bald zu Statisten, denn ihre Macht über das Gemüt seiner Anhänger wurde durch die Karma-Idee erfolgreich gebrochen.

Daß die wesentlichen Ideen, wenn nicht die ursprüngliche Fassung des *Bardo-thödol*, wie sie uns in den *metrischen Teilen* des Werkes erhalten sind, auf Padmasambhava zurückgehen, wird bestätigt durch die Huldigungsverse am Eingang des Buches, die nicht nur die Urheberschaft, sondern die grundlegende geistige Haltung des Werkes beleuchten:

Amitâbha, dem unendlichen Licht [als] Dharmakâya
Den milden und den furchterregenden Erscheinungsformen
  [der Dhyâni-Buddhas und -Bodhisattvas] (Lha)*
  der Lotus-Ordnung [als] Sambhogakâya,
Padmasambhava, dem Beschützer lebender Wesen,
  [als] irdische Verkörperung (Nirmâṇakâya):
Verehrung ihnen, den Gurus der drei Körper!

* Das tibetische Wort »Lha« läßt sich nie mit dem westlichen Begriff »Gott« gleichsetzen. Buddhas als »Götter« zu bezeichnen, ist grotesk und irreführend. Selbst die Götter gehören den sechs samsarischen Daseinszuständen an, wenn auch auf höherer Stufe, während ein Buddha die vollkommene Erlösung erlangt hat. Die Bedeutung des Wortes »Lha« kann, je nach dem Zusammenhang, folgendes bedeuten:

1. die Bewohner höherer Daseinsebenen, die den *Devas* indischer Religionen und etwa den christlichen Engelshierarchien entsprechen;
2. erdgebundene Geister, Dämonen und Genien gewisser Orte oder Elemente;
3. geistgeschaffene Erscheinungsformen, wie die der Dhyâni-Buddhas und Bodhisattvas etc.

Diese Verse setzen die Kenntnis der Mandala- und Schaubildsymbolik voraus sowie die Lehre von den »Drei Körpern« [*trikâya*], die sich hier nicht nur auf die Natur oder die Erscheinungsformen eines Buddha beziehen, wie wir sie z. B. in der tiefen Darlegung des *Mahâyâna-Shraddhotpâda-Shâstra* finden, sondern ebenso auf die drei Ebenen des Erlebens und der Verwirklichung, wie sie jedem menschlichen Geiste eignen. Dieses sind die Voraussetzungen, unter denen allein der *Bardo-thödol* verstanden werden kann. Wer diesen Vers versteht, hat daher den Schlüssel zum *Bardo-thödol* in der Hand. Es ist darum notwendig, wenn auch noch so kurz, den Sinn dieser Worte anzudeuten.

Die Natur unseres innersten Wesens ist nicht verschieden von der Natur des Buddha. Der Unterschied zwischen einem Buddha und einem Weltling ist, daß ersterer sich dieser Natur bewußt ist, während letzterer sich ihrer nicht bewußt ist infolge der verhüllenden Illusion seiner Ichheit. Diese innerste Natur ist ihrem Wesen nach *Śûnyatâ*, reine Potentialität, die reine Leere des Noch-nicht-Geformten, das die Voraussetzung aller Form ist, – die im Erleuchteten bewußt wird als Dharma, als höchste Wirklichkeit, Soheit (*tathatâ*), immanente Gesetzmäßigkeit. Sie bildet den geistigen Bestand eines Buddha, den *Dharmakâya*, den »Gesetzeskörper«, das höchste universelle Prinzip der Buddhaschaft.

Der *Sambhogakâya*, »der Körper geistiger Verzückung« oder »Beseligung«, ist das Erlebnis des *Dharmakâya* auf der Ebene intuitiver Schauung. Hier wird das Unsagbare zur schöpferischen Vision, zur geistigen Symbolform, zum beseligenden Erlebnis. Es ist die Erbschaft, welche die Erleuchteten durch ihr Wirken in der Welt uns hinterlassen haben. Sie selbst stellten die sichtbare Verkörperung dieses

Erlebnisses dar, so wie jeder, der von solchem Geiste erfüllt ist, langsam seine körperliche Form zum Ausdruck inneren Erlebens verwandelt, – ist doch der Körper, nach buddhistischer Anschauung, sichtbar gewordenes Bewußtsein. Darum wird der sichtbare Körper eines Erleuchteten *Nirmânakâya* oder »Verwandlungskörper« genannt, eine Bezeichnung, die auf den Körper jedes Menschen zutrifft, der den Weg geistiger Verwandlung beschreitet.

Unser Vers bedeutet also, daß Padmasambhava, als Guru und Beschützer all derer, die sich ihm anvertrauen, in den drei »Körpern« oder Prinzipien der »Lotus-Ordnung« verehrt wird: nämlich auf der Ebene universeller Gesetzmäßigkeit (Dharmakâya) als das unbegrenzte Licht Amitâbhas, auf der Ebene gesteigerter geistiger Erfahrung oder Schauung (Sambhogakâya) als die Erscheinungsformen milder und furchterregender Dhyâni-Buddhas etc. und auf der Ebene körperlicher Erscheinung (Nirmânakâya) in seiner menschlichen Form, die nichts anderes ist als die Verkörperung sämtlicher vorhergenannten Formen.

Es wird also, auch in der menschlichen Form, nicht der Mensch, die historische Persönlichkeit, verehrt, sondern das innere Formprinzip, das Unvergängliche, das durch sie zum Ausdruck kam. Das gleiche gilt für die Buddhaverehrung: »Buddha, *als Objekt des religiösen Kultus,* ist für die Buddhisten nie ein Mensch gewesen«, wie Kern in seinem Handbuch* richtig bemerkt hat, aber er war auch kein Gott, wie der Buddha in einer seiner Reden ausdrücklich vermerkte. Er war der Erleuchtete und somit mehr als ein Gott, der um seiner Erlösung willen ins menschliche Leben zurückkehren mußte, denn das menschliche Leben ist das Leben der Entscheidung. Kern fährt fort: »Die historische

* H. Kern, *Manual of Indian Buddhism.* In: Grundriß der indoarischen Philologie und Altertumskunde. Straßburg 1896.

Figur des Lehrers Śâkyamuni wird faktisch Buddha oder Tathâgata genannt, aber das Objekt des Kultus ist nicht die Vergötterung des Menschen Śâkyamuni.« Es ist das, was ihn über seine einmalige Erscheinungsform hinaushebt und ihn mit allen vorhergehenden und nach ihm kommenden Buddhas verbindet, nämlich jenes überpersönliche, allumfassende Erleuchtungsbewußtsein (Bodhicitta), das potentiell in jedem lebenden Wesen vorhanden ist.

Solange dieses Bewußtsein nicht als Ganzes erlebt oder verwirklicht werden kann (was nur einem Buddha gelingt), müssen wir uns mit den in innerer Schauung erlebten Reflexen begnügen, in denen die Prinzipien und Qualitäten der Erleuchtung wie die Strahlen der Sonne durch ein Prisma in ihre Urbestandteile auseinandergelegt sind. Die Symbolformen dieser Schauungen sind nicht willkürliche Schöpfungen, sondern sozusagen die leuchtenden Spuren, die Jahrtausende geistiger Erfahrung und Vervollkommnung in der menschlichen Psyche zurückgelassen haben: Sie sind der Strahlungskörper aller Erleuchteten, die je über unsere Erde schritten, der »aus ihren Verdiensten geschaffene Körper« (»the recompense-body of all the Buddhas«, wie der *Sambhogakâya* auch genannt wird), dessen wir im Zustande der Versenkung teilhaftig werden, indem wir ihn aus uns neu erschaffen.

So entstehen die in der Schauung erlebten Dhyâni-Buddhas und -Bodhisattvas, deren jeder einen gewissen Aspekt der Erleuchtung und somit des eigenen latenten Erleuchtungsbewußtseins darstellt. Um den Geist vor willkürlichem Schweifen zu bewahren, werden von den Lehrern der verschiedenen Schulen sogenannte Mandalas, konzentrisch angeordnete geometrische Bewußtseinsdarstellungen, geschaffen, in denen die Positionen und gegenseitigen Beziehungen der einzelnen Symbole und Schaubilder festgelegt sind. Auf einen solchen Zusammenhang bezieht sich der Ausdruck »Lotus-Ordnung«.

Ohne hier auf das Gesamtmandala einzugehen, mag es an dieser Stelle genügen, darauf hinzuweisen, daß die Dhyâni-Buddhas und die ihnen zugeordneten Bodhisattvas und sonstigen Begleitfiguren (die unter dem tibetischen Ausdruck »Lha« zusammengefaßt werden) in fünf Ordnungen eingeteilt werden: die Vajra-Ordnung, die Ratna-Ordnung, die Padma-Ordnung, die Karma-Ordnung, deren Symbole die Zirkumferenz des Mandala bilden, während das Zentrum, als Zusammenfassung aller dieser Prinzipien, als Cakra- oder Buddha-Ordnung bezeichnet und mit dem Gesetzesrad (*dharma-cakra*) symbolisiert wird.

Der Vajra (das Diamant-Szepter, das noch immer fälschlich als »Donnerkeil« bezeichnet wird, was im Hinduismus zutreffen mag) bedeutet die Unzerstörbarkeit und Unerschütterlichkeit des Erleuchtungsbewußtseins, das sich mit der »Großen Leere« (*śûnyatâ*) identisch weiß und mit dem Dhyâni-Buddha Akṣobhya personifiziert wird.

Das Juwel (*ratna*) steht für die Gabe der drei Kostbarkeiten (*tri-ratna*), in denen der Buddha sich selbst, seine Lehre und seine Gemeinde der Menschheit gibt, und ist in Ratnasambhava, der in der Geste des Gebens dargestellt wird, personifiziert.

Der Lotus (*padma*) steht für die Entfaltung der Meditation, die in Amitâbha, der in Meditationsstellung (*dhyâna-mudrâ*) dargestellt wird, zum Ausdruck kommt.

Der Doppelvajra steht für »Karma«, was hier die Verwirklichung des Wissens durch tätige Nächstenliebe und Barmherzigkeit bedeutet, und durch Amoghasiddhi, in der Geste der »Nicht-Furcht« (*abhâya-mudrâ*) symbolisiert wird, weil die Barmherzigkeit (*karuṇâ*), wenn sie aus spontaner Nächstenliebe fließt, die karmische Nachwirkung (*karma-vipâka*) aufhebt. Karma wird hier als reine Tat verstanden, nicht als Tatfolge.

Das Gesetzesrad (*dharma-cakra*) steht für die potentielle Gegenwart der vier vorhergehenden Eigenschaften in der durch Vairocana dargestellten zentralen Buddhaordnung der Dharmasphäre (*dharmadhâtu*).

Jede der vorgenannten Qualitäten kann sich auf verschiedenen Ebenen auswirken: auf der Ebene universeller Gesetzmäßigkeit als Potentialität, auf der Ebene geistigen Erlebens als schöpferische Idee, auf der Ebene körperlicher Erscheinung als Materialisierung oder Verkörperung der Idee.

Wenn also Padmasambhava als Verkörperung der Lotusordnung betrachtet wird und, wie sein Name sagt, ein »aus dem Lotus Geborener« ist, so will das besagen, daß er durch Ausübung der auf dem Mandala des Amitâbha beruhenden Meditationen zur inneren Vollendung und somit zum Einswerden mit der Idee und den Qualitäten Amitâbhas gelangte.

Die Lehren eines solchen Mannes beruhten daher nicht auf der bloßen Wiedergabe philosophischer Theorien, sondern auf Erfahrungstatsachen meditativer Herkunft, und was er der Nachwelt erhalten wollte, war nicht ein neues System, sondern der Weg zum eigenen Erlebnis und Verwirklichung des Zieles, die nicht nur in ferner Zukunft, sondern in jedem menschlichen Leben möglich ist.

Denn nur denen, die bereit sind, den angegebenen Weg zu beschreiten und seine Weisungen in die Praxis umzusetzen, können die im *Bardo-thödol* beschriebenen Zeichen und Merkmale, Symbole und Visionen etwas sagen; während diejenigen, die aus bloßer Neugier in die Geheimnisse dieses Buches einzudringen versuchen, nur ihre eigenen

Zweifel und Unsicherheiten vermehren oder allenfalls eine neue Kuriosität ihrer Sammlung exotischer Merkwürdigkeiten hinzufügen.

Der *Bardo-thödol* ist unter dem Titel *Das tibetanische Totenbuch* bekannt geworden, ein Titel, der sehr eindrucksvoll ist – insbesondere durch seinen Anklang an das ägyptische Totenbuch –, der aber, wie wir bereits gesehen haben, weder dem wirklichen Titel entspricht, noch dem Inhalt des Buches gerecht wird, wie wir im folgenden sehen werden.

Kein Vergleich könnte irreführender sein als der mit dem ägyptischen Totenbuch, und Prof. C. G. Jung, in seinem Kommentar zur deutschen Übersetzung, trifft den Nagel auf den Kopf, wenn er sagt:

»*Unähnlich* dem Ägyptischen Totenbuch, über das man nur allzu wenig oder allzu viel sagen kann, enthält der Bardo Thödol *eine menschlich begreifbare Philosophie und spricht zu Menschen und nicht zu Göttern oder zu Primitiven.* Seine Philosophie ist die Quintessenz buddhistischer psychologischer Kritik und als solche – man kann wohl sagen – von unerhörter Überlegenheit«, schreibt C. G. Jung. (Auszeichnung von mir.)

Das Wort »Tod« kommt im Titel des *Bardo-thödol* überhaupt nicht vor und verschiebt völlig den Akzent des Werkes, der auf der Idee der *Befreiung* liegt, und zwar auf der Befreiung von den Illusionen unseres egozentrischen Bewußtseins, das dauernd zwischen Geburt und Tod, Sein und Nichtsein, zwischen Wunsch und Verzweiflung hin und her pendelt, ohne aus diesen zwischenständlichen, samsarischen Täuschungen zur »Zuständlichkeit« und Ruhe nirvanischen Erwachens zu kommen.

»Bardo« mit »Tod« gleichzusetzen, würde einem Rückfall in die allerprimitivste Vorstellungswelt gleichkommen.

Das Wort »Bardo« hat eine viel weitere Bedeutung und enthält den Begriff des Todes als einen bloßen Sonderfall.

Für jeden, der mit buddhistischer Philosophie vertraut ist, ist es klar, daß Geburt und Tod nicht einmalige Phänomene des menschlichen Lebens und Sterbens sind, sondern etwas, das sich ununterbrochen in uns vollzieht. In jedem Augenblick stirbt etwas in uns und wird etwas in uns wiedergeboren.

Die verschiedenen Bardos sind nichts anderes als die verschiedenen Bewußtseinszustände unseres Lebens: der Zustand des Wachbewußtseins, der Zustand des Traumbewußtseins, der Zustand des Versenkungsbewußtseins, der Zustand des Todeserlebnisses, der Zustand des Erlebnisses der Wirklichkeit, der Zustand des Wiedergeburtsbewußtseins.

Alles dieses ist klar in den »Wurzelversen der sechs Bardo« (Bar-do-rnam drug-rsta tsig), die zusammen mit den »Pfaden der guten Wünsche« den ursprünglichen Kern des Werkes ausmachen, beschrieben, – was beweist, daß wir es hier mit der Wirklichkeit des Lebens und nicht nur mit einer Anweisung zum Sterben oder gar einer Totenmesse, zu der spätere Zeiten das Werk degradierten, zu tun haben.

Es ist nicht ein Führer für die Toten, sondern für solche, die den Tod überwinden und den Vorgang des Sterbens in einen Akt der Befreiung verwandeln wollen. Denn im Sterben durchlaufen wir die gleichen Stufen, die wir in den fortgeschrittenen Stadien der Meditation erleben. Schon Plutarch sagt: »Im Augenblick des Todes erlebt die Seele das gleiche wie die in die großen Mysterien Eingeweihten.«

Durch automatische Ausschaltung der Körperlichkeit und aller Wollungen und Hemmungen des Oberflächenbewußtseins gibt das Sterben uns augenscheinlich eine außergewöhnliche Gelegenheit, uns von der Herrschaft unserer Triebe und Verdunkelungen zu befreien und, wenn auch nur für einen blitzartigen Augenblick, das erlösende Licht zu erblicken. Wer diesen Augenblick festhalten und sich auf seiner Erkenntnishöhe halten kann, wird der Befreiung teilhaftig. Ein Absinken von diesem Niveau aber bedeutet eine mehr oder weniger starke Wiederverstrickung in den Kreislauf der Geburten.

Nur diejenigen können von dem Impetus jenes Augenblicks Gebrauch machen, die sich darauf während ihres Lebens vorbereitet haben. Daher bestanden die Einweihungen in die großen Mysterien der Antike und früherer Kulturen im symbolischen Sterben des Eingeweihten, und auch Padmasambhava machte von diesem Mittel Gebrauch, wie wir aus der Mahnung des letzten »Wurzelverses« ersehen, in dem es heißt, daß wir den Gedanken des herannahenden Todes nicht um der zwecklosen Angelegenheiten des Daseins willen von uns schieben, sondern uns dem Dharma widmen sollten, solange uns das Leben noch die Gelegenheit dazu gibt.

Zu diesem Zweck ist es notwendig, den Tod in das tägliche Leben einzubeziehen, nicht, um in uns Abscheu gegen das Leben zu erzeugen, sondern um ihn als untrennbaren und notwendigen Bestandteil des Lebens zu erkennen. Um in diese Erlebnissphäre einzudringen, bedarf es keiner Leichenbetrachtungen (die in ganz andere Zusammenhänge gehören und gänzlich anderen Zwecken dienen), sondern der Versenkung in den innersten Kern unseres Wesens, wo Leben und Tod unaufhörlich einander begegnen.

EINFÜHRUNG

Das Todeserlebnis in den mythischen Überlieferungen

Der Tod – mit diesem Erlebnis, schrecklich und grausam – beginnt in fast allen Kulturen der Menschheit das Nachdenken über den Sinn des Lebens, über die Ursachen, die zu diesem Erlebnis führten, das zwingende Geschehen, das den Tod unausweichlich macht. Seit den Anfängen des Menschengeschlechts versucht man, in Mythen das Unfaßbare in Bilder zu gießen und dem Entsetzlichen einen Sinn zu geben.

Es ist uns nicht eine Kultur bekannt, die das Rätsel des Todes nicht in dieser oder jener Weise zu lösen versuchte. Im Grunde vermitteln sie alle ein ähnliches Bild:[1]

Am Anfang, als der Mensch noch ganz im ungebrochenen, totalen Sein der Gottheit stand, kannte er den Tod nicht. Solange der Mensch nicht aus der göttlichen, himmlischen Ordnung herausgefallen oder auch sich willentlich aus ihr gelöst hatte, brauchte er den Tod nicht zu erleiden. Der primäre Zustand des Menschen ist ein paradiesischer: Er lebt im Garten Eden, kennt keine Gier und keinen Haß, ist eins mit allen anderen Lebewesen und verharrt selig in der Schau des wahren Seins. Archaischere Kulturen sehen den Urzustand des Menschen dinglicher: Er hat stets genug Früchte, die er nur zu pflücken braucht, Streit und Feindschaft sind ihm unbekannt. – So paradiesisch dieser primäre Zustand des Menschen auch sein mag, so ist er doch von Starre und Permanenz geprägt, enthält keine Kreativität, keine Freiheit. So ergibt sich der Tod als eine in einem inneren Sinn notwendige Folge der fehlenden Flexibilität und Entfaltungsmöglichkeit des paradiesischen Urzustandes. Um dem Menschen seine Entfaltung zu ermöglichen, muß er sterben – so wie alle Heiligen, Mystiker, Schamanen und Priester es hinfort tun werden.

Der Tod hat einen Januskopf, er blickt nicht nur ins Diesseits und Jenseits, sondern er ist auch die Schwelle, da Leiderfahrung und Glückseligkeit, da Starre und lebendiges Leben ineinander übergehen. So nimmt die Frage nach dem Sinn des Todes seit ältesten Zeiten einen breiten Raum im Denken der Menschen ein.

Auch unsere Zeit kann an der Frage nicht vorübergehen, zu deutlich tritt der Tod uns täglich gegenüber; ja, sogar auf dem Weg über die Fernsehschirme tritt er allabendlich in unser Bewußtsein. Doch kaum eine andere Zeit sah den Tod so sehr eindimensional wie die unsrige. Der Tod ist für viele nur mehr das sinnlose Ende eines sinnentleerten Lebens; er ist nur mehr der dunkle, der nehmende, der hinraffende Sensenmann. Als wir im Westen begannen, den Tod seines Sinnes, den er durch Religion und Mythen erhielt, zu entkleiden, war der zweite Schritt, nämlich die totale Profanierung des gesamten Menschenlebens, nur eine Frage weniger Jahrzehnte. Wir können dem Tod keinen Sinn mehr geben, wir sehen in ihm nur mehr das Versagen gewisser Organfunktionen. Der Tod wurde zu einem physiologischen Zustand des Körpers. Doch diese Idee befriedigt so wenig, daß wir mit aller Anstrengung bemüht sind, dem Tod erst gar nicht ins Auge schauen zu müssen. Wir sperren die Kranken und Sterbenden in leere Kammern, die mit Apparaturen angefüllt sind, und berauben sie dessen, wonach sie am meisten verlangen, der menschlichen Nähe. Wir wollen mit dem Tod nichts mehr zu tun haben, wir wollen nicht einmal mehr den Toten auf die Bahre legen und ihn zu Grabe tragen, wir wollen dem Tod einfach aus dem Wege gehen, ihn vergessen.

Die physiologische Auffassung vom Tod, so wie sie heute im Westen verstanden wird, kann uns jedoch nicht helfen, das vor uns liegende Buch, das gemeinhin als das tibetische Totenbuch bekannt geworden ist, zu verstehen. Es beginnen aber auch im Westen Wege sich zu öffnen, die zu einem besseren Begreifen des Todes führen können. So möchte ich auf ein Buch verweisen, in dem ein amerikanischer Arzt Berichte über das Sterben zusammentrug: Raymond A. Moody, *Life after Life* (New York 1975). Moody befragte Patienten, die über mehrere Minuten klinisch tot waren, deren Herzen also stillstanden und in denen keine Gehirnströme mehr meßbar waren, über ihre Todeserlebnisse. Mehr als 150 Berichte dieser Art sammelte er. Und es mag für viele sehr überraschend sein, daß die Mehrzahl aller Berichte ganz bestimmte, immer wiederkehrende Erlebnisse und Wahrnehmungen schildern: Der Verstorbene hört den Arzt sagen, daß er nun gestorben sei; unter lautem Dröhnen vermeint er durch einen engen, dunklen Tunnel zu gleiten, findet sich dann außerhalb seines Körpers, obschon der Tote das Gefühl eines »leichten«, immateriellen Leibes hat und alles wahrnehmen kann, was um seine Leiche geschieht. Wesen – immateriell wie er selbst – kommen auf ihn zu, voll Liebe und Harmonie, in überirdischem Glanz und Licht; die Taten seines Lebens überschaut er in einer spontanen Einsicht; obschon die Wahrnehmung von Friede und Liebe ihn halten will, drängt es ihn, wieder in den Leib einzukehren. Das Gefühl, noch nicht »reif« für die andere Welt zu sein, beendet dieses Todeserlebnis.

Diese Berichte stammen von gewöhnlichen Menschen, die

den verschiedensten Gruppen und Schichten angehörten und im amerikanischen Alltag des 20. Jahrhunderts lebten, und doch zeigen sie überraschende und fast unglaubliche Parallelen zum tibetischen Totenbuch auf. Jedes der aufgeführten Phänomene findet sich dort wieder. Um jedoch den religiösen Hintergrund des tibetischen Totenbuches zu erhellen, möchte ich den Leser einladen, mit mir den Blick auf das Denken unserer Ahnen zu richten und zu sehen, wie sie den Tod verstanden haben. Nicht die Archäologie kann uns helfen zu erfahren, was frühere Kulturen vom Tod dachten, sondern die Mythen, jene einmaligen Erzählungen, die sich anhören, als ob sie eine Geschichte wiedergeben würden, die zu einer bestimmten Zeit einmal sich ereignete, und in Wahrheit in Worte gefaßte zeitlose Träume der Menschheit sind. Doch diese Träume sind nicht »Schäume«, wie uns ein irreführendes Sprichwort in den Mund legen möchte, sondern sie enthüllen die tiefere Schau unseres Wesens. Nicht umsonst bedient sich die Psychoanalyse der Träume, um den Menschen in seiner Seele zu heilen.

Alle Mythen der Menschheit betrachten den Tod als ein unnatürliches, außergewöhnliches Ereignis. Der Tod ist nicht eine der Natur innewohnende Notwendigkeit, sondern er kann nur als Perversion verstanden werden, als Umkehrung der eigentlichen Natur des Menschen. So bringen einige Mythen das Auftreten des Todes mit einem Akt des Ungehorsams in Verbindung: Der Mensch verweigert, ein Gebot Gottes zu erfüllen. Meist treibt den Menschen die Neugierde zur Übertretung des Gebotes. Andere Mythen sehen den Tod als Folge eines Aktes außergewöhnlicher Grausamkeit an, der durch ein dämonisches Wesen begangen wurde. Solche Mythen können wir bei den Ureinwohnern Australiens, in Zentralasien, Sibirien und

Nordamerika feststellen. Wieder andere Mythen sehen den Tod mehr als ein Versehen der Schöpfung an: Die Büchse der Pandora öffnet sich versehentlich; der Bote, der den Menschen die Unsterblichkeit verkünden soll, ist so säumig, daß der zweite Bote, der den Tod verkündet, als erster bei den Menschen ist. Diese Mythen treffen wir vor allem in Afrika.

Im tibetischen Totenbuch, dem *Bardo-thödol*[2], ereignet sich der Tod in erster Linie aufgrund der Taten, die der Sterbende resp. Tote früher begangen hatte. Die Summe all dieser Taten nennt man Karma; auf diesen Begriff werden wir später noch ausführlich zu sprechen kommen. Es gilt jedenfalls festzuhalten, daß im *Bardo-thödol* der Tod in Abhängigkeit von den eigenen Taten auftritt. Der Tod ist also nicht mehr, jedenfalls scheinbar nicht mehr, durch die Pervertierung der göttlichen Urordnung entstanden, sondern individuell verschuldet. Blicken wir jedoch durch diese vordergründige Argumentation hindurch, so sehen wir, daß auch im *Bardo-thödol* im Kern das erhalten ist, was uns die Mythen lehrten: Im Eigentlichen ist der Mensch im lichten Schoß der Gottheit geborgen, hat durch seine Geist-Natur teil an dem wahren Sein. Der *Bardo-thödol* läßt nun den Menschen nicht mehr durch einen mythischen Akt des Ungehorsams oder der Dummheit aus seiner uranfänglichen Geborgenheit herausgefallen sein, sondern führt den Gedankengang philosophisch weiter. Die lichte Geist-Natur des Menschen besteht in jenem Unfaßbaren, in der Stille und dem Glanz, der im Herzen eines jeden aufscheint, wenn alle Gedanken, alle Wünsche, alle Beziehungen zu jeder Art von Objekten, und seien es nur geahnte, verklungen sind. Es ist der reine Geist, unser Text nennt ihn »nackt«. Diese lichte Geist-Natur ist nicht etwas Faßbares, nichts Dingliches, nichts Vorstellbares, sie ist nur in tiefer Meditation, nach einem langen Weg der spirituellen Entwicklung unmittelbar erfahrbar. Diese lichte Geist-Natur ist die eigentliche Natur des Menschen. Durch sie ist er im wesentlichen eins mit allen Buddhas und eins mit allen Wesen. Daher wird sie auch Buddhanatur oder der Keim des Tathāgata genannt.[3]

Das Paradies, das nach den Mythen am zeitlichen Anfang der Menschen stand, wird im *Bardo-thödol* als die primäre Qualität menschlichen Seins, als sein ontologischer Grund verstanden. In den Mythen verliert der Mensch durch Ungehorsam oder Dummheit das Paradies, in unserem Text ist die lichte Geist-Natur verdunkelt und zugeschüttet, da der Mensch in seinem unstillbaren Verlangen nach Begegnung in die Welt der Objekte hinausschweift, das ungeteilte Sein in Du und Ich aufspaltet. Diesen Objekten, die in dieser Weise nur in der falschen Betrachtung des Menschen existent sind, legt er dann schließlich die Erwartung bei, daß sie langdauernde Dinge seien, wenn schon nicht ewige. Hier liegt die Quelle allen Leidens, entsprechend der Vertreibung aus dem Paradies in den Mythen. Das Leid ist nicht etwas von außen über den Menschen Darübergestülptes, sondern besteht in den Erwartungen des Menschen, die er in bezug auf die Objektwelt hegt, die diese aber nicht erfüllen kann. So ist der Angelpunkt zur Wiedergewinnung des Paradieses im *Bardo-thödol* der Geist des Menschen.

Doch betrachten wir zuerst, wie in den Mythen die Wiedergewinnung des Paradieses geschieht. Diese vollzieht sich meist in rückläufiger Richtung, genau so wie das Paradies verloren wurde. Führte Ungehorsam zum Verlust des Paradieses, dann ist es durch Gehorsam wieder zu gewinnen. Wurden beim Verlust des Paradieses Himmel und Erde getrennt, so steigt nun der Schamane mit Hilfe eines Geisterseiles, eines Weltenbaumes oder einer Himmelsleiter in die paradiesische Welt, in die Welt der Ahnen auf.[4] Doch nicht jeder kann die Welt des Paradieses betreten, es sind nur die hervorragenden Schamanen, die Priester und Heroen, denen der Weg dorthin offensteht. Da aber die Ahnen, die vor dem Sündenfall im Paradiese weilten, stets in ihm verblieben, ist dieser Ort par excellence der Ort der Ahnen. Fortan kann er nur mehr in einem Erlebnis der totalen Umwandlung, im Tod oder in den ihm symptomatisch verwandten Zuständen der Ekstase und Meditation, betreten werden. Der alte Arier Indiens stieg bei seinem Tod kraft der vedischen Gesänge auf zur lichten Welt des Mondes, wo ihn in ewiger Unwandelbarkeit die Ahnen empfingen.[5] Hier wird in den Mythen schon angedeutet, welch ungeheure Bedeutung die Todesstunde hat. Sie allein kann die Verwandlung des Menschen bewirken, sie allein versetzt ihn zurück in seinen paradiesischen Urzustand.

Der *Bardo-thödol* teilt diese Überzeugung mit den Mythen, daß die Todesstunde in jeder Hinsicht unvergleichbar mit allen anderen Zeitabschnitten im Leben des Menschen ist. Unser Text glaubt nicht mehr, daß die Wiedergewinnung des paradiesischen Urzustandes durch Rituale oder Gesänge möglich sei, sondern allein durch die Einsicht in die wesentlichen Zusammenhänge der Welt, durch Enthüllung des wahren Charakters des menschlichen Geistes.

Und schließlich wollen wir noch einen Blick auf eines der stets wiederkehrenden Attribute dieses Paradieses werfen: Es ist voll Licht und Glanz, es strahlt, gleißend und blendend. Gleichzeitig ist die Geist-Natur, der spiritus der Menschen, voll dieses Lichtes, ja er ist dieses Licht. Am weitesten verbreitet ist diese Anschauung bei Gnostikern, Manichäern, im alten Indien und den von ihm beeinflußten Gebieten Südost- und Zentralasiens, doch wir finden auch

Dokumente darüber bei den Taoisten, ja sogar in Südamerika bei Indianerstämmen. Die Mythen nennen daher die paradiesische Urheimat der Menschen »Mond«, »Sonne«, oder das Paradies liegt jenseits dieser irdischen Leuchten, in einer Zone unirdischen Lichtes. Doch nicht nur in den Mythen finden wir die Vorstellung des Paradieses als Licht, sondern auch in den Aufzeichnungen der Mystiker vieler Kulturen finden sich Erlebnisse, die von der Schau eines spontan auftretenden Lichtes berichten. Wir kennen viele Zeugnisse, daß das Antlitz bestimmter Menschen bei besonderen Anlässen zu leuchten beginnt. Die Goldmasken, die man den Toten in Mykene und an anderen Orten der Erde aufs Gesicht legte, sollen dieses Leuchten des Angesichts bezeichnen, denn der Tote ist ja nun ins Lichtreich eingegangen, ist selbst ewiger Glanz geworden.

Im *Bardo-thödol* werden wir bereits auf der ersten Seite diesem Licht, dem Urlicht, begegnen. Dieses Urlicht *(schii ösel)*[6] ist das Wesen der Geist-Natur. Und so wie die Geist-Natur Anteil am Buddha hat, so auch das Licht. Die Buddhas erscheinen daher in den Spektralfarben des Regenbogens und verschmelzen mit dem Licht der eigenen Geist-Natur, so daß »sie nicht mehr zwei sind«, wie unser Text es nennt.

Die Vorstellung, daß der Geist an sich lichthaft ist, findet sich bereits in den Texten des Palikanons, so z. B. im *Aṅguttara-Nikāya*[7], wo das Denken leuchtend genannt wird. So wird auch immer wieder gesagt, daß das von allen Verblendungen gereinigte Denken dem lauteren Gold gleiche. In den Sutren des Mahāyāna wird diese Vorstellung weiter ausgebaut: Im *Laṅkāvatāra-sūtra*[8] wird die allen Wesen innewohnende Buddha-Natur als Licht definiert. In der *Prajñāpāramitā*-Literatur[9] finden sich Stellen, in denen das Nicht-Denken des Geistes an sich das Licht eben dieses

Geistes ist. Von hier führt ein direkter Weg zu den Vorstellungen, die in unserem Text sich wiederfinden, daß nämlich der Geist, sobald er in sich gelassen verharre, das Urlicht schauen wird. Es würde zu weit führen, wollte man die ganze Licht-Vorstellung hier besprechen; es sollte nur gezeigt werden, daß auch diese grundlegende Vorstellung des *Bardo-thödol* nicht notwendigerweise aus Bereichen stammen muß, die außerhalb der buddhistischen Geisteswelt liegen.

Der Text des tibetischen Totenbuches ist eingewoben in den mythischen Hintergrund Indiens und teilt daher eine Reihe der wichtigsten religiös-mythischen Vorstellungen dieses Landes. Diese Mythen haben ihre Parallelen in fast allen traditionellen Kulturen, so daß das Totenbuch auf einem breiten Sockel einer allgemeinen mythischen Weltsicht steht. Es soll aber nochmals in aller Deutlichkeit betont werden, daß diese Mythen nicht mehr oder minder unverständliche Erzählungen sind, sondern die Schau des Menschen, so wie er durch unzählige Jahrtausende hindurch die Welt verstand, widerspiegeln.

Die auffälligste mythische Metapher im *Bardo-thödol* ist sicher das Totengericht: Der Todesgott Yama sitzt über den Toten zu Gericht. Zwei Genii, die wohl als Teilseelen des Verstorbenen aufzufassen sind, legen in Form von weißen und schwarzen Steinchen die Taten des Toten offen. Um den wahren Charakter des Toten zu erkennen, blickt der Todesgott in den Spiegel. In solchen Gerichtsszenen in der Totenwelt werden Erfahrungen, die in der Menschenwelt Schrecken und Angst auslösen, in die Nach-Tod-Welt übertragen. Daß die Götter- und Geisterwelten parallel zu den Verhältnissen der irdischen Welt aufgebaut sind, läßt sich in vielen alten Kulturen aufzeigen. In Indien wird über das Totengericht in Manus Gesetzbuch, in der *Maitrā-*

yaṇīyopaniṣat, berichtet; aber auch in westlichen Kulturen, so in der *Odyssee,* und nicht zuletzt in der christlich-jüdisch eschatologischen Literatur ist es überliefert.[10] In dieser Gerichtsszene besteht auch die wesentlichste Ähnlichkeit zum ägyptischen Totenbuch, das sonst ganz andere Absichten verfolgt.[11] Vergleicht man jedoch die Gerichtsszene im *Bardo-thödol* mit den anderen Szenen darin, dann fällt auf, daß diese nicht systematisch aufgebaut und zu Ende geführt wird, sondern eigentlich wie ein Beispiel nur kurz eingeblendet wird. So wie die Henkersknechte, der Nebel, das Geheul Zeichen und Symbole der existentiellen Angst des Toten sind, so ist es auch das Gericht. Wie Poucha in dem angeführten Aufsatz zeigen konnte, werden ähnliche Symbole auch in anderen Kulturen für die Beschreibung des Nach-Tod-Zustandes verwendet.

Das tibetische Totenbuch bedient sich dieser mythischen Grundvorstellungen, baut ihre Bilder ein, doch erfüllt es die alten Gefäße mit neuem Wein, wenn dieses Bild erlaubt ist. Der *Bardo-thödol* verwendet die mythischen Bilder, wie den Totengott als Richter oder die Höllenvisionen, um dem Menschen in möglichst eindringlicher Weise seinen eigentlichen Sinn nahezubringen: Erkenne alle Wahrnehmungen, die du für die realen Objekte hältst, als Erscheinungen deiner eigenen Geist-Natur. Die Menschen, denen die Lehre des *Bardo-thödol* zuerst verkündet wurde, dachten und lebten in diesen mythischen Bildern. Daher mußten diese in einer Lehre, die den Menschen im Augenblick des Todes zu seinem eigentlichen Sein zurückführen will, verwendet werden. Wir müssen uns aber hüten anzunehmen, daß, eben weil diese mythischen Bilder und Vorstellungen im Totenbuch vorhanden sind, das Totenbuch an sich eine Mythe wäre. Was ist das Totenbuch aber dann? Ehe wir diese Frage zu beantworten versuchen, möchte ich eine weitere Wurzel aufdecken, die dem tibetischen Totenbuch seinen Gehalt an philosophisch-religiösen Ideen vermittelte: die buddhistische Geisteswelt.

Der »Bardo-thödol« und seine geistige Welt

Der Existenzbegriff im Buddhismus

In den Pali-Sutren sind uns Gespräche erhalten[12], in denen Buddha Śākyamuni, der in unserem Weltzeitalter geborene Buddha, seine Schüler fragt, wie denn die Gesamtheit der für die menschlichen Sinne erfahrbaren, belebten Welt beschaffen sei. Dabei wird diese gesamte Sinnenwelt in fünf Konstituenten[13] aufgegliedert: Gestalt, Gefühl, Wahrnehmung, Gemütskräfte, Bewußtsein. Buddha fragt nun seine Mönche: »Was meint ihr Mönche, ist die Gestalt ewig oder vergänglich?« – »Vergänglich, o Herr.« – »Was aber vergänglich ist, ist das Leid oder Freude?« – »Leid, o Herr.« – »Was aber vergänglich, leidvoll und der Veränderung unterworfen ist, kann man von dem die Ansicht hegen: ›Das ist mein, das bin ich, das ist mein Selbst‹?« – »Nein, o Herr.« – Diese Fragen und Antworten werden in entsprechender Weise auch für die anderen vier Konstituenten gestellt bzw. gegeben. Damit wird die Gesamtheit sinnlicher Erfahrung als vergänglich bezeichnet, und eben deshalb kommt ihr kein substantielles, in sich unabhängiges und unvergängliches Sein zu.

Die buddhistischen Philosophen versuchten, das Phänomen dieser allgemeinen Vergänglichkeit immer schärfer zu fassen, und gelangten schließlich zu der Einsicht, daß nicht nur die Dinge ja alle ein offensichtliches Ende haben, sondern daß sie keinen Augenblick lang in Identität bestehen bleiben. Das Erscheinungsbild der Dinge, das uns eine Dauer von Tagen und Jahren vorgaukelt, kommt dabei wie ein Film zustande: In unfaßbar winzigen Zeiteinheiten verändert das Ding seine jeweilige Existenz. In der rasend zu denkenden Geschwindigkeit, in der eine dieser Existenzphasen der anderen folgt, kommt schließlich eine jedem leicht sichtbare Veränderung zustande. Diese Lehre wurde vor allem von der Schule der Sarvāstivādin, die im ganzen Norden Indiens schon in den ersten Jahrhunderten nach Christus sich formiert hatte, ausgebildet.[14]

Wenn also die Existenz aller Dinge in eine Unzahl aufeinander abfolgende Phasen aufgelöst wird, so muß man sich die Frage stellen, was geschieht bei dem Tod, da die Vergänglichkeit jedem offenbar wird? Der Buddhismus hat – wie die überwiegende Zahl aller indischen Denksysteme – seit jeher angenommen, daß das Leben sich nicht auf eine Geburt beschränken läßt, sondern daß die Neigungen, die aus den jeweiligen Taten herrühren, gleich Energieteilchen nach Entladung streben, d. h. nach einer neuen Verdinglichung, Materialisierung, also nach Wiedergeburt verlangen. Da nun die Existenz der Lebewesen als nicht zu unterbrechende Kette unfaßbar kurzer Phasen zu verstehen ist, mußte gezeigt werden, wie diese Kette der Phasen durch den Tod in eine neue Geburt hinüberführt. Diese Aufgabe übernahm Vasubandhu (ca. 4.–5. Jh. n. Chr.) in seinem berühmten Werk *Abhidharmakośa.*[15]

Im dritten Kapitel sagt er: »Wenn man mit dem Namen Selbst die bloßen Konstituenten bezeichnet, so lehnen wir das nicht ab. Soll man nun aber annehmen, daß die Konstituenten aus dieser Welt in die andere übergehen? Die Konstituenten vergehen jeden Augenblick. Sie sind daher nicht imstande, sich fortzubewegen. [Jedoch] gehen [sie] durch die Werke und Laster beeinflußt durch den Strom des Zwischenzustandes[16] in den Mutterschoß ein – wie ein Licht. Wie bei einem Licht, obwohl es jeden Augenblick vergeht, ist der Strom [der Augenblick] imstande, sich an einen anderen Ort zu begeben, ebenso verhält es sich mit den Konstituenten. Daher ist es kein Fehler, wenn man von Wandern spricht. Es ist also erwiesen, daß, obwohl es kein Selbst gibt, der Strom der Konstituenten unter dem Einfluß der Verblendungen und Taten in den Mutterschoß eingeht.«[17]

Dies ist nur ein kurzer Ausschnitt aus der gesamten Argumentation, die sich über viele Seiten hinzieht. Vasubandhu versucht, die Behauptung über das Vorhandensein eines Zwischenzustandes durch Zitate aus den Sutren zu beweisen. An verschiedenen Stellen sprechen die Sutren von einem Arhat, der nach seinem Tod von einem anschließenden Zwischenzustand aus ins Nirvāṇa eingeht.[18] Vasubandhu und die seiner Argumentation folgenden philosophischen Schulen des Buddhismus sehen darin die Behauptung eines Zwischenzustands, dessen im Prinzip alle Lebewesen nach dem Tod teilhaftig werden. Natürlich gab es auch eine Reihe von Schulen, die diese allgemeine Schlußfolgerung aus den angedeuteten Sutren-Stellen ablehnten, so z. B. die Theravādin, Mahāsāṃghikas, Lokottaravādin, um nur einige der bekanntesten Schulen anzuführen.

Doch der Begriff des Zwischenzustands taucht auch in anderen Texten auf, die dem Mahāyāna zuzuordnen sind, so z. B. in der *Bodhisattvabhūmi*[19], die wohl etwas vor dem *Abhidharmakośa* verfaßt wurde. Hierin wird ganz deutlich gesagt: »Die Sterbenden treten in den Zwischenzustand ein.« In dem Werk *Vijñaptimātratāsiddhi*[20] ist der Zwischenzustand eine gegebene Tatsache. Erörtert wird nur mehr, wie die Konstituenten aus der Befindlichkeit des Daseins in die Befindlichkeit des Zwischenzustands bzw. der neuen Geburt übergehen können.

Die menschliche Existenz sieht also der Buddhismus aufgelöst in eine ununterbrochene Abfolge unfaßbar kurzer Phasen, die den fünf Konstituenten des Daseins zuzuordnen sind. Diese fünf Konstituenten bilden die Gesamtheit der geist-körperlichen Natur aller Lebewesen, aber nicht so, als ob diese Konstituenten in irgendeiner Weise etwas Faßbares, Dingliches wären. Sie sind vielmehr nur kategoriale Gesichtspunkte, die es dem Denken erleichtern, diese Phasen des Daseins zu erfassen. Da beim Tod diese Kategorien sich aus ihrer bisherigen, gegenseitigen Zuordnung lösen, könnte der Irrtum entstehen, sie würden in ihrer Fortdauer unterbrochen werden. Aber in Wahrheit werden nur die Phasen der Konstituente Gestalthaftigkeit insofern zum Stillstand gebracht, als sie der groben Materie angehören. Mit dem Ende der grob-materiellen Phasen treten gleichzeitig feinstoffliche Phasen auf, die ebenfalls zur Konstituente Gestalthaftigkeit gehören. Der *Bardo-thödol* spricht von einer Trug-Gestalt, oder einem Geist-»Körper«[21], den der Tote nun hat. Da die anderen vier Konstituenten – Gefühl, Wahrnehmung, Gemütskräfte und Bewußtsein – alle dem geistigen Bereich angehören, bildet ihre Fortsetzung nach dem Tod im Zwischenzustand keine Schwierigkeiten. Das Lebewesen, sei es nun lebendig, als Toter im Zwischenzustand oder neugeboren, besteht jeweils aus Phasen der fünf Konstituenten. Die Konzeption eines ewigen Selbst als unwandelbarer Kern der Persönlichkeit hat in diesem Bild von der Existenz des Menschen keinen Platz. Es ist hier nicht der Ort, um die Nicht-Selbst-Lehre des Buddhismus zu erläutern, es muß aber festgehalten werden, daß diese Überzeugung fester Bestandteil des philosophischen Hintergrunds des tibetischen Totenbuches ist.

Die Karma-Lehre

Der *Bardo-thödol* weist immer wieder darauf hin, daß vor allem die Taten, die ein Mensch zu seinen Lebzeiten durch seinen Körper, seine Rede oder im Geist begangen hat, sein Schicksal im Zwischenzustand und die Beschaffenheit der neuen Geburt bestimmen. Daß die Taten nicht nur eine unmittelbare Wirkung haben, sondern eine latente Potenz, die sich erst später, bei geeigneter Gelegenheit manifestiert, indem sie jene Umstände schafft, die man gemeinhin als Schicksal bezeichnet, ist eine Überzeugung, die eigentlich allen indischen Denksystemen eignet. Als Karma-Lehre fand sie in Indien allgemeine Anerkennung. In den Hauptzügen dieser Karma-Lehre jedoch stimmen alle buddhistischen Richtungen miteinander überein.

Liest man den *Bardo-thödol* oberflächlich, so mag der Eindruck entstehen, als ob hier die Lehre von der latenten Potenz vergangener Taten – der Text nennt diese Potenz »Neigungen« – eingeschränkt bzw. ihr widersprochen würde. Dies rührt daher, daß der Text nach jedem Abschnitt betont, daß fast jeder hierdurch die Befreiung erlangen müsse. Danach findet sich jedoch ein Zusatz, der diese Aussage sofort wieder relativiert: Es kann nämlich sein, daß die Ausstrahlung seiner früheren Taten nicht stark genug war und der Tote nun tiefer hinein in den Zwischenzustand wandern muß. Der Tote kann also nur dann im Zwischenzustand zur Befreiung gelangen, wenn die latenten Potenzen seiner früheren Taten offenbar werden, durchbrechen und den Toten die nötige spirituelle Einsicht gewinnen lassen, so daß er alle Erscheinungen als Emanationen seiner eigenen Geist-Natur erkennen kann. Haben seine früheren Taten in ihm die Tendenzen der Verblendung, nämlich des Begehrens, Hasses und des Nichtwissens, bestärkt, so werden ihm alle Erscheinungen nur Furcht und

Schrecken einjagen, und die Möglichkeit, die Einsicht zu erlangen, ist ihm einstweilen versperrt. So steht die Lehre des *Bardo-thödol* in keinem Widerspruch zur Karma-Lehre; dieser Text will nur stets deutlich zeigen, daß jedes Karma durch die gewaltige Macht der letzten Einsicht in die Natur der Phänomene in seiner Wirkung neutralisiert werden kann.

Wenn hier von der Tat als der Ursache der Vielfalt der Welt gesprochen wird, dann ist nicht die nackte, bloße Tat gemeint, sondern die Intention, die jeder Tat innewohnt, bzw. diese auslöste. Jeder Tat geht ein Wollen, ein Wünschen, ein In-Aktion-treten-Wollen voraus oder ist in ihr eingeschlossen, und es ist eigentlich diese Intention, die das Potential enthält, zu neuer Manifestation zu drängen.

Im Laufe der Zeit wurde die Karma-Lehre zu einem sehr umfassenden System erweitert, das allen Aspekten menschlichen Tuns Rechnung zu tragen bestrebt war. Will man sich ein Denkmodell vorstellen, so ist wohl ein vieldimensionales Kräfte-Parallelogramm am besten geeignet zu veranschaulichen, daß nicht eine bloße Summierung von Kräften das Ergebnis des Karma ist, sondern daß im Widerstreit der verschiedensten Kräfte – je nach der Komposition der einzelnen Kräfte – ein Resultat entsteht, das in sich zwar einen Ausgleich aller Kräfte enthält, aber doch in ihrer Richtung etwas Neues ist.

Wenn der Tote im Zwischenzustand die Natur der Erscheinungen als Furcht und Schrecken auffaßt, dann schafft er durch die darin implizierte Potenz neues Karma, das zur Manifestation, zur Wiedergeburt drängt. Erkennt er jedoch, daß alle Erscheinungen nur Ausflüsse seiner eigenen Geist-Natur sind, dann wohnt dieser Einsicht keine Intention mehr inne, die auf eine Entladung in einer Tat drängt, und so kann er in dem Augenblick nach dem Tod, da das

Lebewesen aufs höchste sensibilisiert ist, die essentielle Freiheit erlangen: eine Freiheit vom Leiden des Saṃsāra, der Wandelwelt, eine Freiheit von allen Verblendungen. Er ist damit ein Buddha.

Der Lama hat dabei nur die Aufgabe, dem Sterbenden bzw. Toten die zu Lebzeiten gehörten Lehren und gemachten Erfahrungen wieder ins Gedächtnis zu rufen. Der Lama erfüllt also die Funktion eines Ermahners. Er ist kein Heilsbringer, kein Zauberer oder Erlöser: Die geforderte Einsicht muß der Sterbende bzw. Tote ganz allein vollziehen. Doch der Lama unterstützt die Gedanken des Toten, indem er gleich einem Souffleur im Theater dem Toten einflüstert, welche Erscheinungen ihm nun aufsteigen werden und wie er sie aufzufassen habe. Es ist selbstverständlich, daß alle Ermahnungen des Lama nutz- und sinnlos sind, wenn der Tote nicht bereits zu Lebzeiten sich mit den Themen des *Bardo-thödol* vertraut gemacht hat. So spricht auch der Text immer wieder davon, wie wichtig es ist, ihn bei Lebzeiten zu studieren, sich ihn einzuprägen und die speziellen Meditationen zu üben, die im Tode dem Verstorbenen zur Einsicht verhelfen sollen: die Versenkung in den eigenen Geist und die Bewußtseinsübertragung.

Die literarische Überlieferung des »Bardo-thödol« in Tibet

Bei der Überlieferung jedweder Art von religiöser Literatur muß man drei Aspekte unterscheiden und voneinander trennen: 1. die Überlieferung des Literaturwerkes, so wie es uns vorliegt; 2. die Überlieferung der Ideen und geistigen

Vorstellungen, die den Inhalt des Werkes ausmachen; 3. die Verwirklichung der mittels des Werkes tradierten Ideen und Lehren. Wie die meisten großen Literaturwerke Asiens reicht die Überlieferung der Ideen des *Bardo-thödol* weit über das älteste literarhistorisch erfaßbare Datum hinaus. Das heißt, Jahrhunderte vor der ersten, uns bekannten schriftlichen Fixierung des Textes wurde ein Lehrsystem mündlich überliefert, das alle wesentlichen Punkte des *Bardo-thödol* bereits aufwies. Diese Behauptung ist zwar nicht wissenschaftlich beweisbar, jedoch spricht nicht allein die einheimische Tradition dafür, sondern auch eine Erfahrung, die beim Umgang mit indischen und buddhistischen Literaturwerken allgemein zu machen ist.

Dies bedarf der Erläuterung. Die Überlieferung des *Bardo-thödol* in Tibet reicht bis ins 14. Jh. zurück. Bis zu diesem Zeitpunkt – so darf man annehmen – können wir das Totenbuch mit Hilfe literarhistorischer Nachforschungen, die sich allein auf westliche Methoden stützen, zurückführen. Um jedoch darüber hinaus in die Vorgeschichte des Textes einzudringen, muß man sich zuerst der einheimischen Tradition anvertrauen. Nach ihr ist der *Bardo-thödol* ein sogenannter *Terma*-Text[22], wörtlich »Schatz-Text«. Diese Schatz-Texte geben in ihren Kolophonen an, daß ein bestimmter Meister des tibetischen Buddhismus diesen Text am soundsovielten Tag eines bestimmten Monats im Jahr soundso in einer Höhle, einer Felsspalte oder im Mauerwerk eines alten Tempels fand. Der Entdecker eines solchen Schatz-Textes wird *Tertön*[23] genannt, wörtlich »Schatz-Lehrer«. Nach der einheimischen Tradition ist dieser Entdecker des Textes nicht sein Autor, vielmehr geht der Text auf Padmasambhava und seine unmittelbaren Schüler zurück. Im Westen wurde diese Aussage meist in Frage gestellt, und man neigte dazu, in dem Entdecker des

Textes auch seinen Autor zu sehen. Damit wurden die so entdeckten Texte nahezu selbstverständlich zu Fälschungen erklärt.

Eine genaue Untersuchung dieser Schatz-Texte[24] und des sich mit ihnen befassenden tibetischen Schrifttums ergab, daß dieses pauschale Urteil des Westens den Tatsachen nicht gerecht wird, daß aber auch die Aussage der einheimischen Tradition in einer spezifischen Weise zu verstehen ist und nicht nur wörtlich verstanden werden darf. Das Schrifttum dieser Schatz-Texte ist ungeheuer umfangreich. Bis heute kennt man im Westen nur das Sammelwerk *Rintschen terzö*[25], das in dreiundsechzig dicken Folianten Tausende von Traktaten enthält, und einige wenige andere Schatz-Texte wie z. B. das *Mani kambum*[26]. Wir wissen aber, daß in Tibet eine weit größere Anzahl von Schatz-Texten vorhanden waren. Fast alle Schatz-Texte befassen sich ausschließlich mit religiösen Themen; historische Sachverhalte finden kaum Beachtung. Die Gesamtheit der Schatz-Texte gliedert sich in solche, die als Handschriften in Verstecken gefunden wurden; in Texte, die einen solchen Handschriftenfund, der oft nur ein Fragment darstellte, kommentierten, und in Texte, die mehrfach versteckt und mehrfach wiedergefunden wurden. Diese Angaben gehen aus den Kolophonen der Schatz-Texte einwandfrei hervor. Die kommentierten Texte wurden jedoch nicht einfach verfaßt, sondern unter religiöser Inspiration geschrieben. Das heißt, der Entdecker eines solchen Handschriftenfundes befaßte sich mit dem darin behandelten Thema, meist der Visualisierung einer bestimmten Gottheit, in intensiven Meditationen. Nach langen Bemühungen schaute er die Gottheit, in der Vision sprach sie zu ihm und erläuterte den Text. Diese Erläuterung schrieb der Entdecker nieder, und die Tradition billigte ihr in etwas eingeschränktem Sinn das Ansehen und die Authentizität des Handschriften-Fundes zu. Ähnliches konnte sich zutragen, ohne daß der Entdecker einen Handschriftenfund machte, auch konnte statt einer Gottheit einer der alten Meister dieser Lehrüberlieferung ihm erscheinen. Der spirituelle Inhalt einer solchen Offenbarung entstammt stets dem Fundus der jeweiligen religiösen Überlieferung und ist keinesfalls eine Erfindung des Schatz-Entdeckers, wohl aber ist die Verbalisierung dieser Vision und der in ihr geoffenbarten Weisheit das Werk des Schatz-Entdeckers. Er ist also kein Autor im üblichen Sinne, denn er sieht das Niedergeschriebene nicht als sein Werk an, noch ist das Werk im historischen Sinne einem anderen Autor zuzuschreiben.

Es erhebt sich die Frage, warum und wieso es zu diesem Phänomen kam, das für die literarische Überlieferung der Alten Schule, der *Njingmapa*[27], so typisch wurde. Hierzu muß man einen Abstecher in die Anfänge des Buddhismus in Tibet machen[28]. Oberflächliche Begegnungen zwischen Elementen der buddhistischen Religion und der tibetischen Kultur mögen schon in den ersten Jahrhunderten nach Christi Geburt stattgefunden haben, doch wissen wir erst aus dem 8. Jahrhundert von eigentlichen Missionierungsversuchen, denen ein langandauernder Erfolg beschieden war. Aus allen umliegenden buddhistischen Ländern kamen im 8. Jahrhundert Mönche und Gelehrte nach Tibet, aber die buddhistischen Missionare aus Indien und China waren die bedeutendsten. Da der Buddhismus in Tibet auf ein Volk traf, das in erster Linie an der Besänftigung der zahlreichen Geister und Dämonen interessiert war, die den Erdboden, die Felsen, Bäume, Seen und Lüfte bevölkerten, fanden jene buddhistischen Gelehrten, die vor allem die ethisch-philosophischen Lehren des Buddhismus vermitteln wollten, kaum Gehör. Dem Bau des ersten Klosters in Tibet,

Samye (bSam-yas), stellten sich unüberwindbare Hindernisse in den Weg. Auf Anraten eines dieser philosophischen Lehrer ließ der tibetische König den Meister Padmasambhava nach Tibet einladen.

Die Person des Padmasambhava ist ein sehr komplexes religiöses Phänomen, das nicht mit den historischen Maßstäben des Westens zu erfassen ist. Das Wirken seiner religiösen Persönlichkeit ist nicht mit den gleichen Maßstäben wie das Wirken eines Königs zu messen, der Kriege führte, Bauten errichtete und Inschriften hinterließ. Das Wirken einer religiösen Persönlichkeit, eines Guru, ist nur in seinem spirituellen Sein adäquat zu erfahren. So brauchen wir uns nicht mit der Frage aufhalten, ob Padmasambhava historisch faßbar sei. Wesentlich ist, was Padmasambhava an spirituellen Erfahrungen vermittelte.

Hierzu sei eine Rückblende gestattet, die aufdecken soll, aus welchem geistigen Milieu Padmasambhava stammte. Seine Lebensgeschichte, die uns in verschiedenen Fassungen überliefert ist, ist nicht ein historisches Dokument, das beschreiben will, wo er mit seinem leiblichen Körper verweilte, wen er traf, was er sprach, sondern ein Dokument religiöser Erfahrung. In ihm soll dem vertrauensvollen Schüler Padmasambhavas die Größe und Tiefe des spirituellen Wirkens seines Guru vermittelt werden. So ist darin der Raum, den man im Westen den historisch-weltlich immanenten nennt, ohne Bedeutung, denn die Belehrung erfolgt im geistigen Sein des Menschen. Sie ist nicht mit dem äußeren, körperlichen Auge wahrnehmbar, sondern enthüllt sich nur in den Visionen und verzückten Schauungen des Yogi. Von seinem irdischen Leben und Wirken wird nur berichtet, daß er den Bau des ersten tibetischen Klosters durchführen konnte. Bald nach seiner Fertigstellung (ca. 775 n. Chr.) entbrannte ein heftiger Streit zwischen den Anhängern der chinesischen Lehrer und den indischen Lehrern. Eine Disputation wurde angesetzt, auf der jede der Parteien ihre Argumentation für ihre Ansicht von der Buddha-Lehre vorbrachte und sie als die allein richtige zu erweisen suchte. Die uns erhaltenen historischen Dokumente lassen kein eindeutiges Urteil zu, wer diese Disputation gewann. Kein Zweifel ist allerdings an den auf sie folgenden Ereignissen möglich. Die chinesischen Mönche wurden heftig verfolgt und des Landes verwiesen. Sie hatten aber, ebenso wie die indischen, buddhistische Texte mitgebracht, sie ins Tibetische übersetzt, und die tibetischen Schüler der chinesischen Mönche hatten begonnen, neue Texte zu verfassen. All diese Werke konnte man auf der eilends anzutretenden Flucht nicht mitnehmen. Um sie vor dem Zugriff ihrer Verfolger zu schützen, versteckte man sie in Höhlen und Felsspalten, in Tempeln und anderen geeigneten Orten. Ein Teil der Lehren, die Padmasambhava nach Tibet brachte, hatte ebenfalls enge Verbindungen zum chinesischen Buddhismus. Śrīsiṃha, einer der bedeutendsten Lehrer der *Dsogtschen*-Lehre[29], war im Bereich des alten China beheimatet. Auch wenn die *Dsogtschen*-Lehren über die Vermittlung indischer Lehrer nach Tibet kamen, so ließ sich ihre Abstammung von chinesischen Meistern nicht verbergen. Im Zusammenhang mit dieser Verfolgung alles Chinesischen mußten auch diese Lehren samt ihren Literaturwerken in den Untergrund verschwinden. Sie überlebten ihn als die verborgenen Schatz-Texte. Drei- bis vierhundert Jahre später, nämlich im 11. und 12. Jahrhundert, fand man diese versteckten Texte wieder. Man übersetzte sie ins Tibetische, erklärte und erläuterte sie, baute ihre Lehren in den bereits bestehenden Rahmen buddhistischer Doktrin ein. Inzwischen hatte das ganze geistige Klima Tibets sich total gewandelt. Der Streit mit den chinesischen Mönchen war eine längst entschiedene Angelegenheit der fernen Vergangenheit, das Interesse an mystischen Lehren hatte bedeutend zugenommen, man besann sich auf die eigene tibetische Tradition, sah in der Epoche des 7. bis 9. Jahrhunderts die glanzvolle Zeit tibetisch-buddhistischer Geistigkeit.

Bei der Beurteilung dieser Schatz-Texte muß berücksichtigt werden, daß sie im wesentlichen aus einer spirituellen Erfahrung geboren wurden, die mit positivistischen Methoden nicht nachvollziehbar ist. Im Buddhismus erfolgt die religiöse Belehrung in erster Linie durch den Lehrer. Dieser unmittelbar menschliche Kontakt ist das wesentlichste; das geschriebene Wort hat nur die Hilfsfunktion, das Gedächtnis zu unterstützen. Die Texte richten sich in erster Linie an den Hörer, nicht an den Leser. So ermahnt der Vortragende des Totenbuches immer wieder den Sterbenden: »Höre gesammelten Sinnes zu!« Fehlt diese persönliche Verbindung zur lebendigen Tradition, also zu einem Lehrer, dann ist das Verständnis der Texte kaum zu erlangen. Nachdem nun der Buddhismus in Tibet für knappe drei Jahrhunderte (7.–9. Jh.) blühte und gedieh, wurde er durch den letzten König der Yar-lung-Dynastie, einen Usurpator, schwer verfolgt. Die Tradition wurde unterbrochen, die Meister mußten fliehen und Tibet verlassen. Zum Teil war die Kette der Überlieferung bereits vorher unterbrochen worden, als nämlich die chinesischen Mönche fliehen mußten und ihre Texte verbargen. Da gab es keinen Meister mehr, der sie den Schülern hätte erklären können. Die spätere Tradition sah aber die Kette der spirituellen Überlieferung nicht unterbrochen, vielmehr argumentierte sie in folgender Weise: Da die in diesen Texten eingeschlossenen Lehren essentiellen Anteil an der allem Seienden zugrundeliegenden Weisheit haben, sind sie nicht ausschließlich von einer Überlieferung im menschlichen Bereich abhängig. Oberflächlich gesehen mögen die Texte vergessen in einer Höhle liegen, aber in Wahrheit sind die darin enthaltenen Lehren zurückgekehrt in den Schoß geläuterter Daseinsform, die vermehrten Anteil an der Ur-Weisheit des Seienden hat, die Texte sprechen von den Ḍākinīs und den Wissensbewahrern, deren Obhut die Texte einstweilen übergeben worden waren, bis unter den Menschen wieder ein geeigneter Lehrer, eben der Entdecker der Texte, auftritt. Dieser Entdecker schaut in einer Vision den Inhalt der Texte, oft unter Wundern entdeckt er das Versteck, wo der Text verborgen wurde, und im Traum enthüllen die Ḍākinīs ihm den geheimen Sinn der schwer verständlichen Worte. Aus diesem Inspirationserlebnis heraus verfaßt er den Text, der fortan Teil der lebendigen religiösen Überlieferung ist. Alle Einzelheiten, die mit dem Auffinden und Erklären der Schatz-Texte zu tun haben, sind nicht in einem profanen Sinn zu verstehen, sondern müssen als Zeichen und Symbole gewertet werden, die in dieser verschlüsselten Form den Kern dieses Inspirationserlebnisses weitergeben wollen.

Einer dieser Schatz-Texte ist das tibetische Totenbuch, oder, wie man besser sagten sollte, der *Bardo-thödol.* Der Kolophon unseres Textes gibt an, daß Karmalingpa[30] diesen Text am Berg Gompodar[31] entdeckt hatte.

In dem tibetischen Werk *Kette aus kostbarem Lapislazuli, eine kurzgefaßte Geschichte über das Auftreten der esoterischen Schatz-Texte, ihrer Entdecker und der Siddhas*[32], das im ersten Band des Sammelwerkes *Rintschen Terzö* enthalten ist, wird die Lebensgeschichte von Karmalingpa überliefert:

»Der Entdecker Karmalingpa war eine Wiedergeburt von Lügjeltsän[33], des Übersetzers von Tschoro[34]. Als ältester Sohn des Mahasiddha Njidasanggje[35] wurde er während des sechsten Sexagesimal-Zyklus (1326–1386) in Kjerdub[36] im Oberland von Dagpo[37] geboren. Er bevorzugte die Lebensweise eines Tantrikers und zeigte mühelos zahllose spirituelle und intellektuelle Fähigkeiten wie z. B. Hellsicht. Im Alter von fünfzehn Jahren erfüllten sich die Prophezeiung und die Zeichen der Zeit, so daß er die Traktate: *Die Spontane Befreiung durch die Andacht der Schrecklichen und Friedvollen Gottheiten*[38] und *[Die Schau] der Schrecklichen und Friedvollen, [die der] Lotus-[Kategorie] des Mitleidsvollen Herrn [angehören]*[39] aus dem Berg Gampodar[40] herausnahm, der in seiner Form einem tanzenden Gott gleicht.

Den *Zyklus der Schrecklichen und Friedvollen der Lotus-Kategorie* vertraute Karmalingpa allen vierzehn Hauptschülern an und gab ihnen die Befugnis, als Meister dieser Lehre [zu wirken]. Den Traktat: *Die Spontane Befreiung durch die Andacht der Schrecklichen und Friedvollen Gottheiten* übergab er seinem Sohn Njidatschödsche[41]. Er ermahnte ihn, diesen Zyklus für drei Generationen jeweils nur einer einzelnen Person anzuvertrauen.

Da Karmalingpa keine spirituelle Gefährtin erlangte und sich die guten Zeichen nicht erfüllten, blieb er nicht lange am Leben, sondern verschwand in eine andere Welt.«

Der Text schließt mit der Bemerkung, daß vor allem in Amdo – im Osten Tibets – diese Lehre verbreitet wurde. So spärlich zwar diese Angaben sind, so enthüllen sie doch etwas mehr, als der bloße Wortlaut vermuten lassen mag. Karmalingpa wird als Wiedergeburt von Lügjeltsän, dem Übersetzer von Tschoro[42], bezeichnet. Dieser Übersetzer hat zur Zeit der ersten Epoche der Verbreitung des Buddhismus in Tibet (ca. 7.–9. Jh.) gewirkt und übersetzte unter anderem das *Ārya-amitābha-vyūha-nāma-mahā-*

yāna-sūtra[43]. Dieses Sutra ist der Grundtext für die gesamte Amitābha-Meditation in Tibet, also für den tibetischen Zweig des Buddhismus des »Reinen Landes«. Amitābha ist gleichzeitig aber der große Retter im Zwischenzustand. Wer sich voll Vertrauen Amitābha hingibt, dem wird er im Zwischenzustand zur rechten Einsicht verhelfen, so daß er die Befreiung erlangt. Das Sukhāvatī-Gebet ist mit der Schau Amitābhas und dem *Bardo-thödol* eng verknüpft. Inhaltlich und von der religiösen Praxis her bilden diese Lehren und die entsprechenden Literaturwerke eine Einheit. Man kann also davon ausgehen, daß die im *Bardo-thödol* wiedergegebenen Lehren auch mit der Person des Übersetzers von Tschoro zu tun haben. Derselbe Übersetzer wurde von König Thisongdetsän[44] nach Indien geschickt, um Vimalamitra, einen der großen *Dsogtschen*-Meister, nach Tibet einzuladen[45]. Es ist denkbar, daß zusammen mit dem Sukhāvatī-Sūtra auch andere Texte von ihm übersetzt wurden, die zum Kristallisationspunkt für den späteren *Bardo-thödol* wurden. Leider kann man nicht feststellen, ob jener Text, den Karmalingpa am Berg Gampodar fand, bereits die Gestalt des uns heute vorliegenden *Bardo-thödol* aufwies. Die einheimische Tradition sieht Padmasambhava als den Urheber dieser Lehre an.

Nachdem Karmalingpa die Lehren des Totenbuches in der tibetischen Geisteswelt des 14. Jahrhunderts wieder bekannt gemacht hatte, wurden diese auch von den anderen Schulrichtungen des tibetischen Buddhismus adaptiert. Karmalingpa gehörte der Schule der Alten[46] an, die bis heute in besonderer Weise die Tradition dieser Lehren pflegt. Doch auch die Schule der Kagjüpa[47] hat eine eigene Version dieses Textes, wie auch die Gelugpa[48] und die Bönpo[49]. Solange diese einzelnen Versionen nicht vorliegen, lassen sich darüber keine gesicherten Aussagen machen.

Kehren wir zu den drei Punkten, die ich am Anfang dieses Kapitels als Kriterien zur Beurteilung dieser Art von religiöser Literatur aufstellte, zurück. 1. Die Überlieferung des *Bardo-thödol* reicht in der uns vorliegenden Form bestenfalls ins 14. Jahrhundert zurück. 2. Die Überlieferungen der darin enthaltenen Ideen lassen sich teils bereits im *Abhidharmakośa* und in der *Bodhisattvabhūmi* feststellen, also in buddhistischen Werken des 4.–5. Jahrhunderts. 3. Die Verwirklichung der im *Bardo-thödol* enthaltenen Vorstellungen und Anweisungen im spirituellen Leben scheint mit dem Komplex des Sukhāvatī-Gebetes und der Amitābha-Verehrung zusammenzuhängen. Es erscheint denkbar, daß die Praxis des *Bardo-thödol* zusammen mit dem Sukhāvatī-Sūtra von jener Gruppe buddhistischer Mystiker nach Tibet gebracht wurde, zu denen Vimalamitra und Tschoro Lügjeltsän gehörten. Daneben finden sich im *Bardo-thödol* Metaphern und Symbole, die primär kaum etwas mit dem vermittelten Sinn des Totenbuches zu tun haben, sondern archaischen Vorstellungen entlehnt sind, die wir meist aus den Mythen anderer Völker kennen. Diese Metaphern sind nicht mit dem Sinn wesensidentisch, sondern Stilmittel, die dem Hörer des Totenbuches seinen eigentlichen Sinn leichter verständlich machen sollen.

Der »Bardo-thödol« des Karmalingpa

QUELLENLAGE

Jener Text, der als *Die große Befreiung durch Hören im Zwischenzustand*[50] bekannt geworden ist, wurde von Karmalingpa, dem Entdecker und Herausgeber des Textes im 14. Jahrhundert, in einen Zyklus eingereiht, der den Titel

Die Spontane Befreiung durch die Andacht über die Schrecklichen und Friedvollen Gottheiten[51] trägt. In diesem Zyklus finden sich eine ganze Reihe weiterer Ritual-Texte, die sich alle mit dem Sterben befassen. Zum Teil sind sie Anhänge und Ergänzungen, die in den *Bardo-thödol* eingeschoben bzw. an diesen angehängt werden. So wird immer wieder gesagt, nun lese man dieses oder jenes Gebet. Diese Gebete finden sich in dem erwähnten Zyklus. Später wurde dieser Zyklus auch unter dem Namen »*Die Schrecklich-Friedvollen des Kar[ma]ling[pa]*«[52] bekannt.

Das Mandala der Schrecklichen und Friedvollen Gottheiten findet sich auch in einem etwa gleich alten Text, nämlich in *Gesammelte Worte über die Schrecklichen und Friedvollen Gottheiten*[53]. Er wurde von Ugjenlingpa[54] (1323–1360) in einer Rahu-Figur im Ort Pematseg[55], nahe der Höhle Yalungschelda[56], gefunden.

Eine kritische Textausgabe des tibetischen Originals des *Bardo-thödol* liegt bis heute nicht vor. In Indien wurde 1969 der Text ediert: Er trägt den Titel *bar-do-thos-grol bzhugs-so, The Tibetan Book of the Dead.* Als Autor wird genannt »The Great Acharya Shri Sing-ha«. Wieso in dieser Ausgabe das Totenbuch diesem Meister Śrīsiṃha (Sanskrit-Schreibweise)[57] zugeschrieben wird, ist unklar. Als Ahnherr der Njingmapa-Lehren mag er wohl auch als einer der Inspiratoren des Totenbuches gelten, doch ist diese Verbindung zu vage, um ihn als Autor des Werkes zu bezeichnen. Daneben gibt es noch mehrere Blockdrucke und Handschriften, die jedoch zum Teil in Instituten liegen, die nicht jedermann zugänglich sind, zum Teil in Privatbesitz sind. Blockdrucke bzw. Handschriften des *Bardo-thödol* werden in folgenden Werken nachgewiesen:

G. Tucci in: Tucci-Heissig. *Die Religionen Tibets und der Mongolei.* Stuttgart 1970, S. 284, Text Nr. 92: *Bar do thos grol.*

J. Kolmas, *Tibetan Manuscripts and Blockprints in the Library of the Oriental Institute Prague.* Prag 1969, S. 49 f. Text Nr. 35: *Khro-bo'i bar-do bzhugs-so.*
Text Nr. 36: *Srid-pa bar-do'i ngo-sprod gsol-'debs bzhugs-so.*

W. Y. Evans-Wentz, *The Tibetan Book of the Dead.* London 1927, Repr. 1972, S. 68 f.; dort wird auch ein weiteres Ms. erwähnt, das im Besitz von Johan Van Manen, Sekretär der Asiatic Society in Calcutta, war.

F. Fremantle – Chögyam Trungpa, *Das Totenbuch der Tibeter.* Düsseldorf 1975, S. 12; dort werden drei Blockdrucke ohne nähere Angabe genannt und der indische Neudruck.

D. I. Lauf, Geheimlehren Tibetischer Totenbücher. Freiburg i. Br. 1975, S. 269, Text Nr. 6.

Für die vorliegende Übersetzung wurde der indische Neudruck sowie ein tibetischer Blockdruck verwendet, der leider keine Angabe über den Druckort enthält. Nach dem Druckspiegel zu urteilen, ist dieser Blockdruck nicht mit den von Evans-Wentz, Tucci oder Poucha benutzten Ausgaben identisch.

Jede der bisherigen Übersetzungen des *Bardo-thödol* fügte dem Haupttext einige der Ergänzungstexte an. Diese Ergänzungstexte tragen nichts Wesentliches zum Verständnis dieser Lehre bei, zumal es nicht der Zweck dieser Ausgabe ist, als Vorlage für Totenrituale zu dienen. Diese Ergänzungstexte bestehen u. a. in einem Gebet, das sich Hilfe erflehend an alle Buddhas und Bodhisattvas wendet; einem weiteren Gebet zur Errettung aus den Abgründen des Zwischenzustands (es wird im Abschnitt des Zwischenzustandes des wahren Seins jeweils ein Vers daraus zitiert) sowie in den *Grundlegenden Worten für den Zwischenzustand* (auch diese sind dem Leser des *Bardo-thödol* aus Zitaten bekannt). Weitere Texte beleuchten einzelne Teilaspekte der gesamten Lehre vom Zwischenzustand, und zwar jeweils unter dem Gesichtspunkt der religiösen Praxis. Es finden sich also weitere Gebete und Meditationstexte, um die Schau der einzelnen Gottheiten zu lehren, um die aufgehäuften üblen Neigungen abzubauen etc. Keiner dieser Texte überschreitet den im vorliegenden Text vermittelten Rahmen und dessen Gesamtverständnis, vielmehr betonen diese Ergänzungstexte Aspekte, die zwar für das Totenritual wichtig sind, nicht aber für den Leser, der in erster Linie die Lehre vom Zwischenzustand kennenlernen will.

ZU DIESER ÜBERSETZUNG

Es ist das unbestreitbare Verdienst von Evans-Wentz, den Text des *Bardo-thödol* im Westen mehr bekannt gemacht zu haben, als er im Osten je war[58]. Der Westen, für den gemeinhin mit dem Tod die menschliche Existenz endet, mußte aufschrecken, als hier ein Text vorgelegt wurde, der in präziser und detaillierter Weise Aufschluß über das Erleben nach dem Tod gibt.

Seither sind über fünfzig Jahre vergangen, in denen das Wissen über Tibet und den dort gelehrten Buddhismus sich bedeutend erweiterte und vertiefte. Eine Neubearbeitung des *Bardo-thödol* wurde zunehmend wünschenswert, so daß sich der bekannte Tibetologe G. Tucci Ende der vierziger Jahre zu einer Neuübersetzung des Totenbuches entschloß, die leider nur in Italienisch erschien[59]. Zuletzt wurde der Text von F. Fremantle und Chögyam Trungpa anhand einer Vortragsreihe veröffentlicht[60]. Man mag sich daher fragen, ob eine neuerliche Übersetzung zu rechtfertigen sei. Aufgrund des Widerhalls, den das tibetische Totenbuch im Westen fand, ist nicht einzusehen, warum der deutschsprachige Leser sich mit sekundären Übersetzungen aus dem Englischen zufriedengeben soll. Gerade bei Übersetzungen aus asiatischen Sprachen ist der Übersetzer immer auch Interpret. Der Übersetzer der bereits in einem bestimmten Sinn interpretierten englischen Übersetzung kann kaum ahnen, was der Originaltext meinte, so daß Zweideutigkeiten und Mißverständnisse auftreten müssen. Die vorliegende Neuübersetzung sieht deshalb vor allem darin ihren Sinn, dem deutschsprachigen Leser eine lesbare und verständliche Übersetzung an die Hand zu geben, die sowohl den im Original implizierten Sinn wiedergeben wie auch sich vom tibetischen Wortlaut nur gerade so weit entfernen will, wie die Lesbarkeit der Übersetzung es erfordert. Diese Forderung verlangt natürlich nach ständigen Kompromissen. Es ist dem Autor dieser Übersetzung bewußt, daß er allen, die vor ihm den *Bardo-thödol* übersetzten, sehr verpflichtet ist und daß er trotz aller Bemühungen seinem Ziel etliches schuldig bleibt.

Die Übersetzung aus dem Tibetischen bereitete trotz der bereits vorliegenden Arbeiten, die stets konsultiert wurden, erhebliche Schwierigkeiten, weniger, was das Verständnis betrifft, als vielmehr der deutschen Formulierung. Ein Beispiel mag dies erhellen: Das tibetische Wort *ngo-sprod* (sprich: ngotö) erscheint immer wieder im Text des *Bardo-thödol.* Es heißt ganz wörtlich »Gesicht treffen« und meint das Gegenüberstellen und Konfrontieren zweier Gegebenheiten. Evans-Wentz kommt daher zu der Übersetzung »von-Angesicht-zu-Angesicht-setzen«, während F. Fremantle-Ch. Trungpa dafür »anweisen« sagt und G. Tucci

»riconoscere« vorzieht. Da das Tibetische nicht zwischen Verb und Substantiv unterscheidet, kann das Wort sowohl in prädikativischem wie nominalem Sinn verwendet werden, ferner ist es sowohl im aktiven wie auch im kausativen Sinn zu verwenden. Also, sowohl der Tote kann aktiv »einer Sache ins Gesicht sehen«, d. h. etwas erkennen oder einsehen, wie auch der Lama dem Sterbenden zur Einsicht verhelfen kann, ihn also anleitet. Je nach dem Zusammenhang mußten im Deutschen völlig verschiedene Wendungen gebraucht werden, obwohl das Tibetische immer nur dasselbe Wort benutzt, für das es in dieser Vielfalt von Bedeutungen im Deutschen leider keine Entsprechung gibt.

Noch viel schwieriger gestaltete sich die Übersetzung bei den Begriffen buddhistischer Spiritualität. Ganz bewußt wurde dabei auf eine wörtliche Wiedergabe des tibetischen Wortes verzichtet, um den in ihm eingeschlossenen Sinn möglichst genau dem Leser zu vermitteln. Um jedoch auch dem Fachmann, der des Tibetischen kundig ist, zu ermöglichen, den hinter der Übersetzung stehenden tibetischen Begriff zu erfassen, wurde dieser in den Fußnoten angemerkt. So wurde auch ein Index der tibetischen und sanskritischen Wörter überflüssig. Es ist selbstverständlich, daß eine Übersetzung, die einer interessierten Öffentlichkeit vorgelegt werden soll, nicht jenen Grad von Exaktheit und Wort-zu-Wort-Entsprechung aufweisen kann wie eine wissenschaftliche Übersetzung. Ich muß daher auch die Fachkollegen um Nachsicht bitten, wenn die eine oder andere Formulierung etwas freier erfolgte, um das Deutsche lesbarer zu machen. So wurde meist eine verbale Auflösung der Sätze bevorzugt, auch wenn das Original einen nominalen Stil aufweist. Da die buddhistischen Begriffe nicht allein durch eine umschreibende Wiedergabe voll erfaßt werden können, schien es nötig, jedem Abschnitt eine knappe

Einleitung vorauszuschicken, in der sowohl diese Fachausdrücke erläutert werden, wie auch der gesamte Zusammenhang mit unseren Worten dargestellt werden soll. Dieser Kommentar ist eine Fortführung der in der Einleitung angesprochenen Gedanken.

Aus Gründen der Übersicht erschien es sinnvoll, die drei großen Teile des *Bardo-thödol,* die auch im Original getrennt vorhanden sind, in kleinere Abschnitte zu unterteilen, so daß der Leser einen besseren Überblick über den Fortgang der Darlegung gewinnt. Daher wurden diesen Abschnitten und Kapiteln Überschriften vorangestellt, die sich nicht im Original finden und aus dem Inhalt der Kapitel abgeleitet wurden.

Zuletzt möchte ich nicht versäumen zu betonen, daß ein Dokument religiösen Lebens und religiöser Erfahrung nicht nur als ein Zeugnis von historischem Wert betrachtet werden darf. Gleich einem Kunstwerk eignet den Zeugnissen des religiösen Lebens immer etwas Unerklärbares, das den Menschen anzieht und zu stets neuem Nachdenken veranlaßt. Ein Werk wie der *Bardo-thödol* wäre tot, wollte man es als bloßes Literaturwerk betrachten. Es ist vielmehr ein einmaliges Zeugnis der religiösen Erfahrung und des Glaubens eines ganzen Volkes. So war es auch nicht meine Absicht, mit der Einleitung oder den Kommentaren zu Beginn der jeweiligen Kapitel das Totenbuch zu erklären, vielmehr wollte ich dem Leser zeigen, was der Tibeter bei den einzelnen Abschnitten dieses Buches sich vorstellt, was er vermittels dieses Buches erlebt. Dieser lebendige Glaube des Menschen, der nicht in Büchern, sondern allein im Herzen wohnt, ist von Bedeutung, wenn man sich mit Religion beschäftigt. Die Literatur hat dabei nur die Funktion, die äußere Form der geglaubten und empfundenen Ideen zu bewahren. Die Literaturwerke verdienen nicht deshalb Beachtung, weil sie alt sind, sondern, weil wir in ihnen dem lebendigen Herzen des Menschen in all seiner unendlichen Vielfalt begegnen können. Und in dieser Begegnung lernen wir uns selbst neu zu sehen.

Wie Lama Govinda in seinem Geleitwort schon hervorhob, ist es nicht immer einfach, den Sinn des *Bardo-thödol* zu erfassen. Ich bin daher sehr glücklich, daß Gesche Lobsang Dargyay bereit war, die ganze Übersetzung mit mir durchzusprechen und die in der Übersetzung vertretene Auffassung durch Konsultation anderer, jedoch verwandter tibetischer Literaturwerke abzusichern. Für die Erklärung einiger besonders dunkler Stellen bin ich dem Ehrwürdigen Kalu-Rin-po-che zu besonderem Dank verpflichtet.

Die tibetischen Namen wurden so niedergeschrieben, daß sie nach deutscher Art gelesen in etwa das Lautbild des tibetischen Wortes wiedergeben. Da im Tibetischen die Aussprache sehr stark vom Schriftbild abweicht, war es leider nicht möglich, die tibetischen Namen und Begriffe in der korrekten Transkription stehenzulassen. Bei den Sanskrit-Worten wurde darauf verzichtet, denn sie lassen sich nach der Art des Lateinischen leicht lesen. Zu beachten ist nur, daß »c« wie »tsch« und »j« wie »dsch« auszusprechen sind. Bei der Transkription der tibetischen Wörter folgte ich dem von T. Wylie vorgeschlagenen System[61].

DER »BARDO-THÖDOL« UND SEINE BEDEUTUNG FÜR DAS RELIGIÖSE LEBEN TIBETS

Gesche Lobsang Dargyay

Wie in der Einführung bereits festgehalten wurde, gehört der *Bardo-thödol* zu den sogenannten Schatz-Texten. Diese gehen in ihrem Kern auf alte Überlieferungen aus der Zeit Padmasambhavas (8. Jh.) zurück, doch wurden sie nicht ununterbrochen durch Menschen weitergegeben. In der Zeit, da die Texte in einem Versteck ruhten, lebte die jeweilige Tradition im Bereich geistiger Wesen, der Ḍākinīs weiter. Der Entdecker der Texte war und ist kein gewöhnlicher Mensch, der eben zufällig auf alte Texte stieß, sondern ein Heiliger, der kraft seines Karma und der von Padmasambhava verkündeten Prophezeiung berufen ist, diese Texte zu entdecken, und dieser Berufung kann er auch nicht ausweichen. Unter der Inspiration der Ḍākinīs schreibt der Entdecker erklärende und kommentierende Zusätze zu dem Fragment. Alles zusammen gilt aber als Schatz-Text. Padmasambhava und seine Schüler versteckten diese Texte, weil im Gegensatz zu späteren Zeiten die ihre nicht dieser Lehren bedurfte. Für die einheimische Tradition haben diese Schatz-Texte die gleiche Authentizität wie andere Texte, die seit ihrer ersten Niederschrift ununterbrochen von Menschen weitergegeben wurden. So wird die Überlieferung der Alten Schule des tibetischen Buddhismus gleichsam von zwei Strömen gebildet: den Verkündigungen[1], das sind die Lehren, die fortwährend von Menschen weitergegeben wurden, und eben den Schatz-Texten.[2]

Die folgenden Ausführungen stützen sich einesteils auf meine vieljährigen Studien in den Klöstern Ra-hor, in der osttibetischen Provinz Amdo, und Drepung, das nur einige Wegstunden von Lha-sa entfernt war. Zum anderen beruhen sie auf persönlichen Erfahrungen und Belehrungen, die ich ebenfalls in meiner tibetischen Heimat empfing.

Wer darf den »Bardo-thödol« üben?

Wie die meisten Lehren der Alten Schule gehört auch der *Bardo-thödol* zur tantrischen Überlieferung, die in der Regel nicht von jedermann studiert und praktiziert werden darf. Die Gründe sind einleuchtend, denn für einen ungeschulten Verstand enthalten die tantrischen Lehren mißverständliche Formulierungen, die zu Ansichten führen, die auf dem spirituellen Weg zu psychischen Katastrophen werden können. Im Gegensatz zu diesen Lehren darf der *Bardo-thödol* von jedermann studiert werden. Ja, er wurde speziell für den verfaßt, der nicht Zeit und Möglichkeit hat, ein langes Studium und geistliches Training auf sich zu nehmen. Im Text des *Bardo-thödol* heißt es auch ganz klar, daß es allein darauf ankommt, im Augenblick des Todes sich der gehörten Lehren zu erinnern. Dieses bloße Erinnern könne schon das Schlimmste, nämlich eine Wiedergeburt in den schlechten Daseinsbereichen, verhindern.

Besonders die im folgenden erläuterte Übung der Bewußtseinsübertragung[3] wurde in erster Linie von Laien, ja oft von Leuten, die nicht einmal des Lesens kundig waren, geübt. In Tibet erzählte man von manchem Hirten, der in der Einsamkeit seiner Almen die Bewußtseinsübertragung so sehr übte, daß er es darin zur Meisterschaft brachte. Sicherlich, damit ist die höchste Erkenntnis noch lange nicht erreicht, aber wenn einer, der die Lehren des *Bardo-thödol* gründlich geübt hat, stirbt, dann mag er leicht die Voraussetzung schaffen, um in das Reine Gefilde eines der Fünf Buddhas[4] einzugehen. In diesen Reinen Gefilden wird jeder einer so intensiven und unmittelbaren Belehrung durch den Buddha teilhaftig, daß er gleich den persönlichen Schülern des Buddha Śākyamuni zur höchsten Erleuchtung gelangen kann und damit die Buddhaschaft erreicht. So ist die Lehre des *Bardo-thödol* und insbesonders die Übung der Bewußtseinsübertragung ein Weg, der gerade für Länder, in denen nicht überall ein geeigneter Lehrer zur Hand ist, besonders geeignet erscheint.

Es gilt jedoch auch für den *Bardo-thödol*, daß es am fruchtbarsten für die künftige spirituelle Entwicklung ist, wenn man diese Lehre zuerst aus dem Munde eines Lehrers, eines Lamas, vernimmt. Seine persönliche Integrität, seine Erfahrung erwecken in uns das sichere Vertrauen zur Richtigkeit und Gangbarkeit dieses Weges. Durch die Belehrung des Lama steht man dann in der viele Jahrhunderte währenden Überlieferungskette dieser speziellen Übung, und die vielen Meister, die vor einem diese Lehre befolgten, ermutigen einen in Stunden der Schwäche und des Zweifels mit ihrem Beispiel. Hat man die Lehre jedoch in einem Buch gelesen, dann wird man in solchen Stunden unsicher, denn da man seinem eigenen Intellekt mißtraut, schwankt man im Vertrauen zu dieser Lehre, die man ja nur aufgrund des eigenen Intellekts als gut ansah. Außerdem kann es beim Lesen leicht geschehen, daß man wichtige Teile der Lehre falsch versteht. Es ist deshalb zu empfehlen, daß jeder, der den *Bardo-thödol* üben will, ihn sich zuerst von einem Lama erklären läßt. Nichts Geschriebenes kann diese unmittelbare, persönliche Belehrung ersetzen. Das Geschriebene soll und kann nur den Weg zum Lama aufzeigen.

Die Übung des »Bardo-thödol« zu Lebzeiten

Immer wieder heißt es im *Bardo-thödol*, daß man sich die Lehren, die man zu Lebzeiten von einem Lama empfangen hat, vergegenwärtigen soll. Diese Vergegenwärtigung ist weit mehr als ein bloßes Sicherinnern. Jedes Wort, jede Nuance der Bedeutung muß einem klar vor Augen sein. Dies setzt voraus, daß man diese Lehre nicht nur studierte, vielleicht ein paarmal las, sondern daß man sie übte, bis man sie »im Schlaf« konnte. Mit anderen Worten, die Übung dieser Lehre, dieser Methode, muß sich dem ganzen Menschen so einprägen, daß sie ihm in jeder Lage, zu jeder Zeit gegenwärtig ist, so daß er im Schlaf davon träumt, daß es ihn stets drängt, sich in die Übung – gleich wie in sein Haus – zurückzuziehen. Diese Übung ist nicht eine Art geistiger Turnübung, die einen entspannt, einem vielleicht Freude macht oder das Gefühl des Andersseins vermittelt, sondern eine Übung, die den ganzen Menschen erfassen muß und ihn umschmilzt zu einem neuen Menschen. Die christlichen Mystiker des Abendlandes verwendeten dafür das Bild vom Pressen und Keltern der Trauben; im Buddhismus gebraucht man das Bild vom Ausschmelzen des Goldes. In beiden Fällen wird das gleiche gesagt. Ein anfänglich im verborgenen vorhandenes Wesen oder Sein wird durch ein Aufbrechen der Gestalt, wie sie zunächst erscheint, bloßgelegt. Dieser Vorgang ist schmerzhaft. Die Biographien aller Mystiker, gleichgültig, welcher Religion sie angehörten, geben davon Zeugnis. So muß man auch zu der Übung des *Bardo-thödol* ein tapferes Herz haben und bereit sein, sich durch das Üben verwandeln zu lassen. Ist die Übung im Laufe der langen Zeit, während der man sich in sie versenkte, zu einem Teil des eigenen Wesens geworden, dann kann man auch sicher sein, daß man sie sich vergegenwärtigen kann, wenn die Schrecken und Leiden des Sterbens nahen.

In dem Tantra *Die Verkündigung des Siegers, eine Unterweisung über das Wesentliche der Andacht*[5], das von der Alten Schule des tibetischen Buddhismus überliefert wurde, heißt es im zehnten Kapitel, daß man die Lehre des *Bardo-thödol* zu Lebzeiten so einüben und stets verbessern müsse, wie ein eben zur Reife gelangtes junges Mädchen unermüdlich versucht, sich vor dem Spiegel noch hübscher und anziehender zu machen. Am Ende dieser Bemühungen, die ein ganzes Leben andauern, steht eine so große Sicherheit in der Übung, die in den Texten[6] wiederum mit einem anschaulichen Bild umschrieben wird: Der Übende tritt in die Meditation so furchtlos und sicher ein, wie ein Vögelchen in sein eigenes Nest fliegt, oder wie ein kleines Kind der Mutter auf den Schoß springt.

Die Übung dieser Lehre am Kranken- und Sterbelager

Das Sterben ist ja kein Ereignis, das auf einen Zeitpunkt beschränkt wäre, sondern ein Prozeß, der sich oft lange hinzieht. Mancherlei Vorzeichen kündigen das Herannahen des Todes an. Im Text des *Bardo-thödol* wird dies durch die Auflösung des Körpers in seine Grundbestandteile bzw. Elemente verdeutlicht. Allgemein kann man sagen, daß folgende Zeichen den nahen Tod bedeuten: Der Mensch empfindet seinen Körper als schwerer als sonst; Nase und Mund fühlen sich trocken an; die Lebenswärme weicht aus dem Körper; der Geist verdunkelt sich immer mehr, bis er in Ohnmacht versinkt. Ist die Lebenswärme zurückgewichen, dann steigt dem Geist ein dämmriges, weißliches Licht auf, das in etwa dem Himmel zu Beginn der Morgendämmerung vergleichbar ist, ehe noch die Sonne den Rand des Horizontes berührt hat. Dieses grauweiße Licht geht über in ein rötliches, das dem Himmel zur Zeit des Sonnenaufgangs gleicht. Danach umhüllt Dunkelheit den Geist, und er versinkt in Ohnmacht. Der *Bardothödol* nennt diesen Zustand, da man dieses wahrnimmt, »die Zeit, da der äußere Atem versiegt und der innere Odem noch nicht unterbrochen ist«. Wacht der Geist des nunmehr Verstorbenen aus dieser Ohnmacht auf, dann erblickt er das hellstrahlende Urlicht, das in seiner gleißenden Transparenz dem blanken Himmel vergleichbar ist. Erkennt er dieses Urlicht, dann ist der Tote befreit. Erkennt er es jedoch nicht, dann tritt er in den Zwischenzustand ein.

Liegt ein Mensch im Sterben, dann ist es sehr wichtig, daß er sich seine guten Taten ins Gedächtnis ruft, daß er voll Vertrauen in die Sinnhaftigkeit seines Lebens zuversichtlich dem Tod entgegenblickt. Dann zeigt sein Gesicht ein friedvolles Lächeln, sein Körper ruht entspannt auf seinem Lager. Aus diesem Grund vermeiden die Tibeter jedes Weinen oder Jammern im Zimmer des Sterbenden. Die nächsten Verwandten bleiben daher dem Sterbelager oft fern, denn sie könnten Zeichen der Trauer und des Schmerzes nicht unterdrücken und würden dem Sterbenden den Gang in die andere Welt erschweren. Ein Zeichen für den guten Tod ist, daß die Körperwärme zuerst aus den Beinen weicht und sich in die Herzgegend zurückzieht. Das Gegenteil vom friedvollen Tod ist der unglückselige Tod: Der Sterbende schreit, bäumt sich auf, sucht mit seinen

Händen in der Luft nach einem Halt und fällt verkrampft zurück. Beim schlechten Tod zieht sich die Körperwärme aus dem Kopf und dem Oberkörper zurück und bleibt in der Herzgegend. Aus diesen Zeichen schließt man auch, ob der Sterbende eine gute oder schlechte Wiedergeburt erfahren wird.

Treten die Zeichen des nahen Todes auf, dann ist die günstigste Zeit, um mit der Lesung des *Bardo-thödol* zu beginnen. Der Sterbende hört noch die Worte, kann sich an seine Übung zu Lebzeiten erinnern, die Angst vor dem Sterben weicht, und voll Vertrauen, ohne zerstreuende Gedanken überschreitet er die Schwelle des Todes. Auch wenn der Sterbende in Bewußtlosigkeit versinkt, ist es sinnvoll, mit dem Lesen des *Bardo-thödol* fortzufahren. Obschon der Sterbende scheinbar nichts mehr erfaßt, dringen die Worte doch in eine tiefe Schicht seines Unterbewußtseins ein, und sobald die Ohnmacht vorüber ist, erinnert er sich des Gehörten. Aus den Vorgängen während des normalen Schlafes ist ja Ähnliches bekannt. Die tibetische Tradition sagt, daß das Vorlesen des *Bardo-thödol* bei Bewußtlosigkeit so sei, wie wenn man in eine dunkle Kammer allerlei nützliche Gegenstände hineinlege. Auch wenn man sie fürs erste nicht sehe, könne man sich ihrer später, sobald man eine Kerze zur Hand habe, nach Belieben bedienen. So bleiben die vorgelesenen Worte unerkannt im Unterbewußtsein des Sterbenden haften; sobald er aber aus der Ohnmacht erwacht – also zu Beginn des Zwischenzustandes –, erinnert er sich des Gehörten und nützt es.

Tritt der Sterbende in dieser Weise gesammelten Sinnes in den Zwischenzustand ein, dann erlangt er leichter die Einsicht in die eigene Geist-Natur und das Urlicht. So beginnt man in Tibet am Krankenlager des Sterbenden den *Bardo-thödol* zu lesen. Da man aber nicht ganz sicher sein kann, ob der Tote im Zwischenzustand wirklich zur Einsicht gelangt, wird die Lesung des *Bardo-thödol* während der sieben Wochen fortgesetzt. Dies ist der Zeitraum, den der Tote längstens im Zwischenzustand zubringen kann. Verläßt er bereits früher den Zwischenzustand, so schadet ein weiteres Lesen des *Bardo-thödol* nicht.

Das Lesen des »Bardo-thödol« nach dem Tod

Ist der Geist des Verstorbenen in den Zwischenzustand eingetreten, so ist zunächst dem Toten unbekannt, daß er tot ist. Er hält sich selbst noch für lebend und wundert sich, daß die Umwelt sich ihm gegenüber plötzlich ganz anders verhält. Der Tote ist zu einem Geist-Wesen geworden, das zwar alles um sich wahrnimmt, das aber von den gewöhnlichen Menschen im allgemeinen nicht gesehen oder gehört werden kann. Wie eine Gestalt in einem Traum kann dieses Geist-Wesen ohne Rücksicht auf materielle Hindernisse oder Entfernungen überall hingelangen, denn es hat keinen Körper von Fleisch und Blut mehr. Die Bindung an seinen Körper, an seine frühere Umwelt treibt das Geist-Wesen an den Ort, wo es zu Lebzeiten war, zurück. Wird am Lager des Toten, auf seinem gewohnten Sitzplatz der *Bardo-thödol* gelesen, so kann der Tote als Geist-Wesen es hören.

Zwar gibt der *Bardo-thödol* an, wie viele Tage das Geist-Wesen in dieser oder jener Phase des Zwischenzustands bleibt, doch hängt dies jeweils von den individuellen Voraussetzungen des Verstorbenen ab. Deshalb hat man in Tibet den gesamten Text des *Bardo-thödol* an jedem der neunundvierzig Tage gelesen. Da das Geist-Wesen immer wieder zur Stätte seines früheren Lebens zurückkehrt, hört es immer wieder zumindest Teile des *Bardo-thödol.*

Am Anfang des *Bardo-thödol* heißt es: »Zur Zeit, da die Anzeichen des Todes untrüglich und vollständig wahrgenommen werden, soll man die Anweisungen der *Spontanen Befreiung durch bloßes Sich-Vergegenwärtigen der Bewußtseinsübertragung*[7] befolgen.« Hat man die Übung der Bewußtseinsübertragung sich wirklich eingeprägt und es darin bis zur Vollkommenheit gebracht, dann ist einem die Befreiung im Zwischenzustand sicher. Die Bewußtseinsübertragung ist eine sinnvolle Weiterentwicklung der Amitābha-Meditation und daher die beste Vorbereitung auf den Tod und für den Zwischenzustand. Hat man die Bewußtseinsübertragung bemeistert, braucht man die Schreckensvisionen des Zwischenzustandes des Werdens nicht zu erdulden. Aus diesem Grund halte ich diese Lehre für bedeutsam und möchte sie im folgenden erklären. Auch hierfür gilt, was in bezug auf den *Bardo-thödol* als Gesamtwerk gesagt wurde, daß nämlich die unmittelbare Belehrung durch einen Lama dem bloßen Lesen vorzuziehen ist. Am besten ist es, wenn man durch den Lama eine Einweihung in die Amitābha-Meditation[8] erhält.

Gemäß den drei Zuständen des Seins[9], die ausführlich im Kommentar zum einleitenden Huldigungsvers besprochen werden, gibt es drei Übertragungen des Bewußtseins:

1. Das Bewußtsein wird übertragen, indem der Yogi seine eigene Geist-Natur als das Wahre Sein, die Leere, betrachtet.[10] Diese Übung setzt hohes spirituelles Training voraus und ist daher nur den erfahrensten Yogis vorbehalten. Da bei dieser Übung kaum helfende Vorstellungen und Gedankenbilder verwendet werden, gehört jede fortgeschrittene Meditation der großen Yogis in diese Abteilung.

2. In der zweiten Art wird die Übertragung vorgenommen, indem der Yogi seine Geist-Natur als wesensidentisch mit der Sphäre der absoluten Wirklichkeit[11] erfährt. Dazu meditiert er den mittleren Nervenkanal (siehe den Kommentar zu Teil I), den man sich wie ein gläsernes Bambusrohr vorzustellen hat. In der Höhe des Herzens steht darin der tibetische Buchstabe AH (ཨཿ). Er ist die eigene Geist-Natur, die in sich alle mentalen Vorgänge umschließt. Dieses AH hebt sich im mittleren Nervenkanal hoch, tritt durch die Fontanelle, wo der mittlere Nervenkanal endet, aus und löst sich in der Sphäre der absoluten Wirklichkeit auf.[12]

3. Das eigene Bewußtsein kann jedoch auch durch die Zuhilfenahme von Amitābha, dem Buddha des Unermeßlichen Lichtes, bewirkt werden.[13] In dieser Weise ist die Übung auch für Leute geeignet, die noch wenig spirituelle Erfahrung haben. Sie soll daher ausführlicher besprochen werden.

Die Übertragung des Bewußtseins mit Hilfe von Amitābha

Wie schon im Text des *Bardo-thödol* angedeutet wird, kann die Übertragung des Bewußtseins sowohl von einem Lama für eine andere Person vorgenommen werden wie auch für einen selbst.

Die nun folgenden Erklärungen stützen sich im wesentlichen auf den Traktat *Die Bewußtseinsübertragung, [ein Weg] zur Buddhaschaft ohne Meditation*[14] von Dschimelingpa (1729–1798) und auf den *Kommentar zur Bewußtseinsübertragung unter Zuhilfenahme von Amitābha*[15] von Gungthang Tanpädönme (1762–1823). Es gibt viele

Methoden der Bewußtseinsübertragung, manche davon nehmen nicht Amitābha zu Hilfe, sondern andere göttliche Wesenheiten. Im Zusammenhang mit dem *Bardo-thödol* ist jedoch Amitābha vorzuziehen, da diese Meditation besonders leicht auszuführen ist und Amitābha ohnehin mit der Lehre des *Bardo-thödol* eng verflochten ist.

Es ist nötig, hier ein wenig innezuhalten und einiges zu Buddha Amitābha zu sagen. Im Kanjur, der Sammlung aller auf Buddha Śākyamuni zurückgehenden Lehren, ist ein Sutra enthalten, das ausschließlich von Amitābha und dem von ihm entfalteten Reinen Gefilde handelt, nämlich *Das Mahāyāna-sūtra, genannt die Entfaltung [des Reinen Gefildes] des Edlen Amitābha.*[16] Hierin erfahren wir, daß der jetzige Buddha Amitābha vor undenklichen Zeiten ein Bhikṣu, ein buddhistischer Bettelmönch, war. Er bestaunte das glänzende, strahlende Erscheinungsbild des Buddha Lokeśvara, seines Lehrers, legte das feierliche Versprechen ab, ebenfalls Buddha zu werden, gleichen Glanz auszustrahlen und ein Reines Gefilde zu entfalten, das alle anderen an Vorzüglichkeit übertrifft, vor allem soll aus diesem Reinen Gefilde kein Lebewesen mehr in einen schlechten Daseinsbereich absteigen können. Wer immer voll Vertrauen sich an Buddha Amitābha wendet, der wird durch seine ihm entgegenkommende Kraft des Mitleids und der Güte im Reinen Gefilde »Das Glückselige« wiedergeboren werden und dort in der unmittelbaren Belehrung durch den Buddha Amitābha so lange bleiben, bis er die vollkommene Erleuchtung erlangt und als Bodhisattva selbst zum Heile aller Lebewesen wirkend in das Dasein eingreift. Neben der fortwährenden Wiederholung des Namens des Buddha Amitābha ist in erster Linie die Bewußtseinsübertragung die beste Methode, um eine Wiedergeburt in dem Reinen Gefilde »Das Glückselige« zu erreichen. Gelingt es einem also, mittels der Bewußtseinsübertragung im Reinen Gefilde »Das Glückselige« wiedergeboren zu werden, so hat man schon fast die Leiden der Wandelwelt hinter sich gelassen.

Die Meditation

Ehe man mit der eigentlichen Meditation beginnt, nimmt man zu den Drei Kostbarkeiten, Buddha, Dharma und Sangha, Zuflucht und erweckt den Vorsatz, zum Heile aller Lebewesen nach der vollkommenen Erleuchtung zu streben. Dann visualisiert man Buddha Amitābha, vor einem im Raume schwebend. Mit folgendem Gebet, das man dreimal hintereinander spricht, wendet man sich an ihn:

»Den Erhabenen, So-Gegangenen, Edlen, vollkommen Vollendeten, den Schützer Amitābha verehre ich, ihm opfere ich, zu ihm nehme ich Zuflucht!«

Danach lasse man vor dem inneren Auge den mittleren Nervenkanal klar und deutlich sichtbar entstehen. Er gleicht einem gläsernen Bambus, der so dünn wie ein Pfeilschaft ist. Innen ist er leicht rötlich, wogegen er außen weiß ist. Etwa drei Fingerbreit unter dem Nabel beginnt dieser Nervenkanal, weitet sich langsam trichterförmig und endet in der Fontanelle am Scheitel. In der Höhe des Herzens weist der Nervenkanal einen Knoten auf, vergleichbar den Wachstumsknoten in einem Halm. Auf diesem Knoten ist ein hellgrün leuchtender Punkt, der die subtilste Form der eigenen Vitalität ist. Darauf erscheint der tibetische Buchstabe HRI (ཧྲཱིཿ) in einem strahlenden Rot. Er ist der eigene Geist. Etwa eine Elle über dem eigenen Scheitel versucht man den Buddha Amitābha zu schauen. Er ist von strahlend roter Körperfarbe. Mit Beinen, die zum Lotussitz verschränkt sind, befindet er sich in Meditationshaltung; seine beiden Hände liegen mit den Handflächen nach oben gekehrt aufeinander in seinem Schoß; auf ihnen ist die Almosenschale. Die Gestalt des Buddha weist all die besonderen Merkmale und Kennzeichen eines Buddha auf: langgezogene Ohrläppchen, die Erhöhung im Schädelknochen usw. In der Person Amitābhas sind gleichzeitig sowohl der eigene Lama wie auch alle Lehrer der eigenen Tradition eingeschlossen.

Amitābha hat in gleicher Weise wie der Meditierende einen mittleren Nervenkanal, in dem der Buchstabe HRI in der Gegend des Herzens erscheint. Amitābha befindet sich in solcher Weise über dem Meditierenden, daß der Nervenkanal Amitābhas und der des Meditierenden sich übereinander befinden. Wollte das eigene HRI nach oben schauen, dann müßte es das HRI in Amitābhas Nervenkanal leicht erblicken können. Hat nun das eigene HRI, das ja der gesamte Geist des Meditierenden ist, das HRI Amitābhas bemerkt, dann verspürt es den starken Wunsch, sich mit ihm zu vereinen. Das HRI erhebt sich wie ein Blatt im Winde, und während der Meditierende HRI, HRI, HRI, HRI murmelt, steigt es im Nervenkanal hoch und verläßt diesen durch die Fontanelle. Dabei stößt der Meditierende ein hochtonig gesprochenes HIG aus, und das eigene HRI vereint sich mit dem HRI Amitābhas. Darin versenkt man sich für einige Zeit, und während man ein tieftoniges KAH spricht, senkt sich das HRI wieder herab und nimmt seinen früheren Platz in der Herzgegend ein.

Dies ist der wichtigste Teil der Übung, und man muß diese immer und immer wieder ausführen. Auf jeden Fall muß man sich stets darauf konzentrieren, daß das eigene HRI wieder an seine frühere Stelle im mittleren Nervenkanal zurückkehrt. Ist man nämlich in dieser Meditation weit fortgeschritten, könnte es geschehen, daß man unversehens stirbt, wenn das HRI – nämlich der eigene Geist – nicht wieder in den Körper zurückkehrt. Während einer Meditation soll man etwa dreimal die eben beschriebene Übung wiederholen. Will man die Meditation beenden, löse man die Gestalt Amitābhas in strahlendes Licht auf. Dieses geht in den eigenen Körper ein und verschmilzt mit ihm. Dadurch schließt sich die Öffnung des mittleren Nervenkanals an der Fontanelle, und jede mögliche Schädigung durch dieses »Einüben des Sterbens« wird ausgeschlossen.

Die Unvollkommenheit menschlicher Sprache mag den Eindruck entstehen lassen, als ob der Meditierende eine Sache sei und das zu übertragende Bewußtsein eine andere. Dem ist aber nicht so! Vielmehr muß man den eigenen Körper gleich einem Haus achten, in dem man selbst als HRI wohnt. In den Bewegungen des HRI ist man selbst als Person gegenwärtig. Trennt man das zu übertragende Bewußtsein von dem Meditierenden, dann kann die Übung nicht gelingen.

Hat man in dieser Übung Vollkommenheit erreicht, dann zeigen sich am Körper bestimmte Zeichen. An der Fontanelle kann sich eine Blase bilden, die aufgeht und eine Flüssigkeit absondert, oder man kann an der Fontanelle durch die Haut hindurch einen Halm ohne Hindernis hineinstecken, »so als ob es Sumpf wäre«. Hat man in der Übung der Bewußtseinsübertragung bereits Fortschritte gemacht, dann empfindet der Übende eine nicht näher zu beschreibende Leichtigkeit in seinem Körper, so als ob das aufsteigende HRI auch seinen Körper in eine Aufwärtsbewegung einschlösse.

Die Übertragung des Bewußtseins bei einem Toten

Der Lama oder geistliche Freund, der die Bewußtseinsübertragung für den Toten vornimmt, muß zuerst das Bewußtsein des Toten herbeirufen. Dies geschieht durch ein sogenanntes Wahrheitswort, d. h. eine unumstößliche Wahrheit in bezug auf die Drei Kostbarkeiten wird ausgesprochen, und kraft dieser Wahrheit muß der Geist des Toten nun zur Stelle sein. Anschließend tröstet der Lama den Toten, der ohnehin nun in einem Zustand der Verwirrung und des Trübsinns ist. So richtet der Lama ihn auf, indem er ihn belehrt, daß jeder, der geboren ist, auch den Tod erleiden muß, mag er ein Kaiser sein, der den Erdkreis beherrscht, oder ein Bettler, der in der Gosse liegt. Der Tod ist ein Naturgesetz, dem sich niemand entziehen kann. Er bildet daher keinen ausreichenden Grund, um betrübt zu sein. Vielmehr muß der Tote sich glücklich preisen, da er die Namen der Buddhas und Bodhisattvas kenne und sie ihm nun auch ins Gedächtnis gerufen werden. Wie viele Menschen müssen sterben, ohne daß sie je einen solchen Trost erfahren können.

Danach beginnt der Lama mit der Bewußtseinsübertragung. Im wesentlichen läuft sie gleich wie die vorher beschriebene Meditation ab. Der Unterschied ist jedoch, daß der Lama den Verstorbenen anweist, wie er zu meditieren habe. Gleichzeitig aber versenkt der Lama sich selbst ganz in die Meditation des Verstorbenen. Er schaut den mittleren Nervenkanal im Körper des Verstorbenen, dessen Bewußtsein als Buchstabe HRI, wie es sich emporhebt und mit dem Herzen Amitābhas, der über dem Scheitel der Leiche ist, sich vereint. Die kraftvolle und konzentrierte Meditation des Lama ist somit eine große Hilfe und Stütze für den Verstorbenen, der sich eigentlich nur der Führung dieses starken Helfers anvertrauen muß, um den eigenen Geist den rechten Weg gehen zu lassen.

Noch ein Wort zur Person dessen, der für einen Verstorbenen die Bewußtseinsübertragung vornimmt. Für sich selbst kann jeder die Bewußtseinsübertragung üben, auch am Sterbelager kann jeder gute Freund das Gebet zur Bewußtseinsübertragung sprechen. Sobald aber der Sterbende tot ist, darf nur ein Lama von hohen spirituellen Fähigkeiten die Bewußtseinsübertragung vornehmen. Wie es im *Bardo-thödol* heißt, kann das Geist-Wesen im Zwischenzustand die unvollkommenen, ja oft zerstreuten und eigensüchtigen Gedanken der Lebenden mühelos erkennen. Darüber steigen dem Verstorbenen Zorn und Ärger auf. Diese aber führen ihn tiefer hinab in seine Verstrickungen und damit in eine schlechte Wiedergeburt. So sollte also nicht jedermann versuchen, das Bewußtsein eines bereits Verstorbenen zu übertragen. Will man dem Verstorbenen helfen, dann bitte man einen befähigten Lama, die Übertragung des Bewußtseins vorzunehmen. Außerdem muß man wissen, daß die Übertragung des Bewußtseins eines Verstorbenen durch eine Person mit nur geringer spiritueller Fähigkeit schon deshalb sinnlos ist, weil sie nicht in der Lage wäre, den Geist des Toten herbeizurufen.

Im Anschluß möchte ich die wichtigsten Abschnitte aus dem Traktat *Die Bewußtseinsübertragung, [ein Weg] zur Buddhaschaft ohne Meditation*, den ich bereits vorher erwähnte, übersetzen. Wer die Bewußtseinsübertragung wirklich üben will, kann die entsprechenden Verse auswendig lernen, um damit seiner Übung Halt und Stütze zu verleihen. Zum Text selbst sind noch einige Erklärungen nötig. Statt des in der heutigen tibetischen Praxis üblichen HIG steht im Text PHAT. Man hat also statt des PHAT an der nämlichen Stelle HIG zu sprechen. Ferner ist das Gebet, das am Ende des Textes steht, am Anfang der Meditation zu sprechen. In dem Gebet wird von *Omin*[17] als einem Ort jenseits von Zeit und Raum, als *dem* Reinen Gefilde schlechthin gesprochen. *Omin* ist also als ein »Ort« der reinen Transzendenz zu verstehen. Der während der Meditation zu rezitierende Text wird durch eine Erklärung unterbrochen, die jedoch ebenfalls von Dschimelingpa verfaßt wurde.

DIE ÜBERSETZUNG:

»Im Inneren dieses [Körpers] verdeutliche dir den mittleren Nervenkanal, von der Dicke eines Pfeilrohrs, innen leer und lichterfüllt. Oben an der Fontanelle erweitert er sich, und unten [endet] er beim Nabel. In der Herzgegend ist er durch einen Knoten unterbrochen. Darauf ist die Vitalität als grünlicher Punkt [sichtbar], in dessen Mitte [der rote Buchstabe] HRI als die eigene Geist-Natur ist. Etwa eine Elle über dem Scheitel schaue klar den Buddha Amitābha, dessen Daseinskonstituenten mit allen [wunderbaren] Merkmalen und Kennzeichen versehen sind.«

So bete man voll Inbrunst und Hingabe und lasse das Bewußtsein nicht mit anderen [Gedanken] sich zerstreuen. Gesammelt auf einen Punkt und in sich gekehrt murmle man fünfmal HRI, wobei [man die Zunge gegen] den Gaumen drückt. Gleichzeitig richte man den Oberkörper schmal auf und halte den Kopf gerade.

»Zu dieser Zeit wird der Buchstabe HRI, die eigene Geist-Natur, gleich einem Blatt Papier vom Winde hochgehoben und immer wieder emporgetragen. Dabei stoße heftig PHAT aus, und wie ein abgeschossener Pfeil vereint [das HRI] sich mit Amitābhas Herzen. Emaho! In *Omin*, einem Ort, der in Wahrheit die Erscheinung [meiner Geist-Natur] ist, verweilt mein Haupt-Lama, aller Zuflucht Inbegriff, inmitten eines hundertfältigen Regenbogens, nämlich meines gläubigen Sinnes. Keinen gewöhnlichen Körper hat er, sondern einen transparenten Leib, der in Wahrheit der strahlende Amitābha ist. Ehrfurchtsvoll und gesammelten Sinnes bitte ich Dich, mich zu segnen, so daß ich den Weg zur Bewußtseinsübertragung beschreiten kann! Segne mich, daß ich nach *Omin* gelangen kann! Laß mich eingehen in die Sphäre des Seins, die einem Palast gleicht!«

Hat man die Meditation beendet, dann widmet man das daraus entstandene Verdienst dem Heile aller Lebewesen, so daß auch sie bald die Befreiung erlangen mögen.

DAS TIBETISCHE BUCH DER TOTEN
BARDO-THÖDOL

AUS DEM ZYKLUS

EINE TIEFSINNIGE BELEHRUNG ZUR SPONTANEN BEFREIUNG DURCH DIE ANDACHT DER FRIEDVOLLEN UND SCHRECKLICHEN GOTTHEITEN

IST DIES DIE GROSSE BEFREIUNG DURCH HÖREN,
EIN GEBET FÜR DEN ZWISCHENZUSTAND DES WAHREN SEINS[1]

Kommentar:

In dem Titel wird der Zyklus *Die spontane Befreiung durch Andacht der tiefsinnigen friedvollen und schrecklichen Gottheiten* als das große Sammelwerk bezeichnet, dem der nun folgende Text, also der *Bardo-thödol*, entnommen ist. Dieser *Bardo-thödol* wird aber nicht in seiner Gesamtheit im Titel erwähnt, sondern nur der erste Teil desselben, der sich mit dem Zwischenzustand des wahren Seins befaßt.

Der Huldigungsvers, der dem eigentlichen Text vorangestellt ist, richtet sich zuerst an den eigenen Lehrer, der ja der Vermittler des Weges zur Befreiung ist, doch dann an alle Lehrer der eigenen Überlieferungskette und schließlich an den ersten der Lehrer, an Buddha. Der spirituelle Lehrer, und nur er ist unter dem Wort Lama zu verstehen, hat wesensmäßig Teil am wahren Sein, an jenem letzten Unfaßbaren, das hinter allem Bedingten, Vergänglichen, Phänomenalen aufscheint – gleich dem makellosen, strahlenden Himmel hinter den Wolken. Ja, die Aussage der einheimischen Tradition geht so weit zu sagen, der Lehrer *ist* dieses Unfaßbare.

Dieses Unfaßbare, das fortan im Text als das Wahre Sein bezeichnet wird, schimmert in vielen Begriffen durch, und doch trifft keiner wirklich zu. Dieser Mangel, der immer dann schmerzhaft spürbar wird, wenn unmittelbares Erleben dieses Unfaßbaren in Worte gefaßt werden soll, kennzeichnet auch diese Übersetzung. Die buddhistische Spiritualität suchte dieses Erfahren des Unfaßbaren, der Leere – wie die Texte sagen – in eine Facette von drei Aspekten zu fassen. Der religionshistorische Fachausdruck hierfür ist Konzeptualisierung,

d. h. das spontane, im eigentlichen unsagbare Erleben wird in Worte gefaßt – verbalisiert – und in eine gewisse Systematik zu bringen versucht. Es ist dabei selbstverständlich, daß die Verbalisierung schon nicht mehr die ursprüngliche Spontaneität und Frische des Erlebens hat und die Konzeptualisierung noch weniger davon bewahren konnte.
Diese drei Aspekte der Leere, der wahren Wirklichkeit – wie auch die Texte sagen – sind: 1. das Wahre Sein als der Bereich absoluter Weisheit, der wesensidentisch mit der Wirklichkeit ist, mit dem eigentlichen – eben leeren und unfaßbaren – Sein der Phänomene. Die Texte nennen diesen Aspekt *dharmakāya*, was wörtlich etwa »Leib der Wahrheit« bedeutet, wobei Leib in einem spirituellen Sinn zu verstehen ist. In diesem Zustand absoluten Seins ist der Buddha, er verharrt in der Schau dieser Leere, untrennbar von ihr, unzugänglich, allen Begriffen entrückt. In der Übersetzung steht dafür der Begriff »Wahres Sein«. 2. Da jede Persönlichkeit außer den kognitiven, intellektuellen Bereichen auch den Bereich des Ethischen miteinschließt, entfaltet sich das Wesen des Buddha in einer weiteren Sphäre. Die Texte nennen diesen Zustand *sambhogakāya*, was wörtlich den »Leib für das gemeinsame freudvolle Genießen« bezeichnet. Damit ist ein Seinszustand gemeint, in dem der Buddha für andere Wesen als Lehrer und Vermittler der letzten Weisheit erfahrbar wird. Aus dem Schatz der Weisheit, die sein Wahres Sein im *dharmakāya* ist, teilt er sich freudvoll den ihm fast ebenbürtigen Wesen mit. Dieses Mitteilen im Lehren ist der gemeinsame, freudvolle Genuß des Buddha und aller Wesen, die mit ihm dieses Erlebnis teilen. In der Übersetzung findet sich dafür der Begriff »Mitteilendes Sein«. Dieses gemeinsame Erleben der Offenbarung der Weisheit im Lehren des Buddha schafft eine eigene Sphäre, die ganz durchdrungen ist vom charismatischen Wirken des Buddha. Die Texte sprechen vom Wirkfeld des Buddha (*buddhakṣetra*). In der Übersetzung steht dafür der Begriff »Reines Gefilde«, um die Entrücktheit dieser Sphäre anzudeuten, die natürlich keinesfalls örtlich oder dinglich aufzufassen ist. 3. Das Mitteilende Sein des Buddha gründet in seinem umfassenden, jedes atmende Wesen einschließende Mitleid. Die Wesen, die um ihre eigentliche Natur nicht wissen, die in Leid

verstrickt sind, fordern das Mitleid des Buddha heraus. Und so zeigt der Buddha einen weiteren Aspekt seines Seins, der nun einer größeren Zahl von Lebewesen, die auch Unwissende und Böse umfaßt, erfahrbar ist. Er erscheint in der Gestalt eines Menschen, der den Unwissenden den Weg zur Erleuchtung zeigt. In der Übersetzung steht dafür der Begriff »wirkendes Sein«. So ist nach der Lehre des Mahāyāna der historische Buddha unserer Ära, Śākyamuni, nicht das eigentliche Wesen des Buddha, sondern eine Erscheinung seines wirkenden Seins.

In dem Verehrungsvers werden diese drei Aspekte des Seins mit weiteren Metaphern verbunden. Amitābha, der Buddha des Grenzenlosen Lichtes, wird mit dem Wahren Sein verbunden, denn dieses ist – wie wir in der Einleitung sahen – Licht und nur Licht, Transparenz in sich. So ist der Lama im Wahren Sein Amitābha, das Licht, die Weisheit. Im Mitteilenden Sein des Lama wird dieser als die göttlichen Wesen erfahren, die im Reinen Gefilde im gemeinsamen Hören und Schauen die Lehre des Buddha genießen. Es sind dies die Gottheiten der Lotus-Gruppe, die auf Amitābha als ihren Herrn und Lehrer ausgerichtet ist. Und schließlich erweist sich der Lehrer im Wirkenden Sein als Padmasambhava, jener große Lehrer der Tibeter, auf den in der Einleitung hingewiesen wurde. So entfaltet sich im Lama ein Kosmos spirituellen Erfahrens, er ist Weg und Symbol des eigenen Wandels.

HULDIGUNG

Om! Verehrung sei den Lamas in ihrer dreifachen Seinsweise:

im Wahren Sein als grenzenloses Licht Amitābhas,

im Mitteilenden Sein in der Gestalt der Friedvollen und Schrecklichen Gottheiten der Lotos-Kategorie,

im Wirkenden Sein als Padmasambhava, der gekommen ist als Herr der Lebewesen!

Für die mittelmäßigen Yogi bietet die große Lehre zur Befreiung durch Hören drei Methoden, um im Zwischenzustand erlöst zu werden: Einleitung, Grundgedanken und Folgerung.

EINLEITUNG

Wann der »Bardo-thödol« nicht zu lesen ist

Kommentar:

Im folgenden werden bestimmte Personen ausgeklammert, denn für sie ist die Anwendung des *Bardo-thödol* sinnlos, da ihre spirituelle Entwicklung bereits so fortgeschritten ist, daß sie ohnehin über die nötige Einsicht verfügen, um die wahre Natur der Phänomene zu erkennen. Als zweites werden all jene ausgeklammert, die zu Lebzeiten die Bewußtseinsübertragung praktizierten. Diese Meditationsmethode wurde ja bereits in der Einleitung ausführlich besprochen und bedarf daher hier nicht mehr der Erklärung. Wer also durch die Meditation der Bewußtseinsübertragung seine eigene Geist-Natur mit Amitābha, dem Buddha des Grenzenlosen Lichtes, zu vereinigen imstande ist, braucht den *Bardo-thödol* nicht mehr. Aus dem entsprechenden Kapitel in der Einleitung ist bekannt, daß die Bewußtseinsübertragung der Lama auch für den Toten vornehmen kann. Ein Lama, der hierzu in der Lage ist, weiß auch, ob sein Bemühen gelungen ist. Trifft dies zu, dann wird er den *Bardo-thödol* nicht mehr lesen. Für alle anderen aber ist das Lesen des *Bardo-thödol* unerläßlich!

Um die Befreiung der Wesen herbeizuführen, befolge man in erster Linie der Reihe nach die einzelnen mystischen Anweisungen. Wer einen scharfen Geist hat, gewinnt die Befreiung sicher [schon] durch die Befolgung der mystischen Anweisungen. Wer jedoch nicht befreit wird, der übe im Zwischenzustand der Todesstunde [die Anweisung] *Die spontane Befreiung durch bloßes Sich-Vergegenwärtigen der Bewußtseinsübertragung*[2]. Dadurch werden mittelmäßig Strebende sicher befreit werden. Sollten sie jedoch nicht befreit werden, dann sollen sie im Zwischenzustand des Wahren Seins sich der *Großen Befreiung durch Hören* befleißigen. So soll der Sterbende in Übereinstimmung mit der *Spontanen Befreiung durch die Betrachtung der Vorzeichen des Todes*[3] die Anzeichen des Todes untersuchen. Zur Zeit, da die Anzeichen des Todes untrüglich und vollständig wahrgenommen werden, soll man die Anweisungen der *Spontanen Befreiung durch bloßes Sich-Vergegenwärtigen der Bewußtseinsübertragung* befolgen. Hat man hierbei [das Bewußtsein des Sterbenden] erfolgreich übertragen, so braucht man die *Große Befreiung durch Hören* nicht mehr zu lesen.

Kommentar:

Der Text der *Bardo-thödol* kann im Prinzip von jedermann, der dazu in der Lage ist, gelesen werden. Wie ja überhaupt der gesamte Komplex der Amitābha-Meditation, des Sukhāvatī-Gebetes, der Bewußtseinsübertragung und des *Bardo-thödol* in besonderer Weise für die Laien geeignet ist. Der Brauch, mit Hilfe eines sog. Wahrheitswortes Einfluß auf ein sonst nur schwer zu bestimmendes Geschehen zu nehmen, ist in Indien seit ältester Zeit verbürgt und nicht auf den Buddhismus beschränkt. Hierbei wird in einem Satz eine unbezweifelbare Wahrheit ausgesprochen, deren Inhalt sogar trivial anmuten kann, und – so fährt dieser Satz fort – kraft dieser Wahrheit möge dieses oder jenes geschehen. Das Wort, in dem sich für den Menschen die Welt widerspiegelt, ermöglicht ihm erst das Wissen von der Welt und von sich selbst. So ist es nur zu verständlich, daß in vielen Religionen dem Wort eine zwingende, ja magische Wirkung zugeschrieben wird. In dem hier gegebenen Zusammenhang wird der Lama eine der buddhistischen Wahrheiten aussprechen und fortfahren, daß kraft dieser Wahrheit der Geist des Verstorbenen nun ihm zuhören möge.

Die Lesung beginnt mit dem Darbringen von Opfergaben für die Drei Kostbarkeiten, das sind Buddha, Dharma – die wahre Lehre über die Natur der Phänomene – und Sangha – die Gemeinde der Strebenden im allgemeinen; im besonderen ist darunter die Mönchsgemeinde zu verstehen. Diese Drei Kostbarkeiten sind *das* Objekt der Verehrung für den Buddhisten. Die Opferung ist jedoch nicht von irgendwelchen materiellen Dingen abhängig, vielmehr stellt man sich alle Kostbarkeiten der Erde vor, bemächtigt sich ihrer also im Geiste, und bringt sie symbolisch dar.

Die gegen Ende dieses Abschnitts angeführten Gebete sind nicht nur zu Beginn der Lesung des *Bardo-thödol* zu rezitieren, sondern auch am Schluß.

Gelingt es nicht, das Bewußtsein zu übertragen, dann muß man vor der Leiche mit klarer und deutlicher Stimme diese *Große Befreiung durch Hören* lesen.

Ist jedoch die Leiche nicht da, so soll man sich auf dem Schlaf- oder Sitzplatz des Toten niederlassen und – da man ein Wahrheitswort ausspricht – den Geist des Verstorbenen herbeirufen. Diesen stellt man sich vor, wie er vor einem sitzt und zuhört. So soll man nun lesen! Da zu dieser Zeit es für die Verwandten und die mit dem Sterbenden liebevoll Verbundenen unpassend ist, zu weinen und zu wehklagen, ist solches streng verboten.

Wenn die Leiche da ist, dann soll der Lama [des Verstorbenen], ein geistlicher Bruder, einer, zu dem der Tote Vertrauen hatte, oder ein gleichgesinnter Freund oder ein ähnlicher zu dem Zeitpunkt, da der äußere Atem bereits versiegt, der innere Lebensodem sich aber noch nicht verflüchtigt hat, diese *Große Befreiung durch Hören* lesen, und zwar mit dem Mund nahe am Ohr des Toten, ohne es zu berühren.

Opferung und vorbereitende Gebete

Nun die hauptsächliche Erklärung zur *Großen Befreiung durch Hören:* Wenn Entsprechendes zur Hand ist, bringe man den Drei Kostbarkeiten reichliche Opfergaben dar! Ist nichts zur Hand, dann opfere man ihnen, indem man eben das, was als Stütze der Vorstellung vorhanden ist, im Geist unendlich vermehrt. Danach spreche man drei- oder siebenmal ein Gebet, in dem man die Buddhas und Bodhisattvas um Unterstützung bittet.

Danach sind folgende Gebete zu singen: *»Schutz vor den Schrecken des Zwischenzustandes«*[4], *»Befreiung aus dem*

Abgrund des Zwischenzustandes«[5] und *»Grundlegende Worte für den Zwischenzustand«*[6]. Danach rezitiere man die *Große Befreiung durch Hören*, je nach den Umständen, drei- oder siebenmal.

Aufbau des »Bardo-thödol«

[Diese *Große Befreiung durch Hören*] besteht aus drei Teilen:

1. Einsicht [in die Natur] des Urlichts im Zwischenzustand der Todesstunde
2. Das Rezitieren des großen Gebets, das den Zwischenzustand des Wahren Seins darlegt
3. Die Lehre, wie das Eingehen in den Mutterschoß im Zwischenzustand des Werdens zu verhindern ist

TEIL I

Einsicht [in die Natur] des Urlichts im Zwischenzustand der Todesstunde

Kommentar:

Der erste Zwischenzustand, der sich unmittelbar an das Sterben anschließt, ja dieses eigentlich noch mitbeinhaltet, ist in seiner Dauer abhängig vom Grad der spirituellen Läuterung, die der Sterbende zu Lebzeiten erreicht hat. Je mehr ein Mensch zu Lebzeiten den Leidenschaften und Verblendungen verfallen war, um so kürzer wird der Zwischenzustand der Todesstunde sein, und um so undeutlicher das Aufleuchten des Urlichts. Die große Chance, im Urlicht die eigene Geist-Natur zu erkennen, geht an diesem Menschen ungenutzt vorüber.

Nur wer zu Lebzeiten mit Eifer eine der vielen Spielarten der Licht-Meditation übte, der vermag im Zwischenzustand der Todesstunde dieses aufscheinende Licht als das zu erkennen, was es ist: die ungeschaffene Geist-Natur, die Buddha-Natur, die Leere. Diese Einsicht bringt die Freiheit; der Sterbende hat die höchste Erleuchtung erlangt, ist ein Buddha geworden. So spricht der erste Abschnitt dieses Teils eben von jenen, die zu Lebzeiten in ihren spirituellen Übungen schon sehr fortgeschritten sind und nun – da sie das Urlicht in seinem Wesen verstehen – die Befreiung erlangen.

Die Parallelsetzung von Licht, Denken, Sein ist ein weltweites Phänomen, das nahezu in jeder Religion einmal in Erscheinung tritt. Nach der Bibel rief der Schöpfergott mit seinem ersten Wort: »Es werde Licht!« sein Schöpfungswerk hervor (Gen. I,3). Das Licht steht nicht nur häufig am Anfang der Weltwerdung, sondern ist auch das innerste Wesen, das Wahre Sein eben dieser Welt. Es ist erfahrbar in den Heiligen, in Gott und im eigenen Geist. In der von Platon geprägten Antike entfaltete sich eine Licht-Metaphysik, die im christlichen Abendland aufgenommen und modifiziert wurde. (Vgl. hierzu A. Haas: *Der Lichtsprung der Gottheit.* In: Typologia Litterarum, Festschrift für Max Wehrli, mit reichen Literatur-Angaben, Zürich 1969, S. 219 ff.) In der Einleitung wurde gezeigt, daß schon in den ältesten schriftlichen Zeugnissen des Buddhismus sich diese Licht-Ideologie findet. Der Geist als Licht ist nicht eine Metapher, ein Bild, es ist eine innere Erfahrung seines Seins, wenn wir den Berichten der Mystiker der verschiedensten Religionen folgen.

Die Licht-Meditation im Buddhismus ist primär ein Versenken in den eigenen Geist. Wenn alle Tätigkeiten des Geistes, dieser ununterbrochene innere Dialog, verebbt sind, wenn der Geist klar ist, kein Gedanke ihn mehr trübt, dann erscheint er lichthaft. Um diesen inneren Dialog zum Verstummen zu bringen, werden verschiedene Methoden angewandt: Man konzentriert sich auf Buchstaben (nicht auf Mantras!), auf Lichtkreise etc. (s. G. Tucci: in Tucci-Heissig: *Die Religionen Tibets und der Mongolei.* Stuttgart 1970, S. 105).

Mit dem Begriff Geist-Natur, der bereits vorkam, soll der tibetische Begriff *rang-rig* wiedergegeben werden. Diese Wiedergabe ist unzulänglich, doch leider weist die deutsche Sprache keinen Begriff auf, der dem tibetischen völlig oder weitgehend entspräche. Um also die notdürftige Übersetzungsvokabel dennoch mit dem im Original vorhandenen Sinn zu befrachten, soll sie wenigstens annähernd erklärt werden. Diese Geist-Natur gehört bis zu einem gewissen Grad der Bewußtseins-Konstituente[7] an, übersteigt sie jedoch. Normalerweise ist jedes Bewußtseinsmoment auf ein Objekt hin determiniert. Wird durch und in der Meditation diese Determiniertheit aufgelöst, dann richtet sich die Kraft des Bewußtseinsmomentes nach innen, in sich selbst hinein und trifft in seinem eigenen Mittelpunkt auf sich selbst, die Leere, die Natur seines Geistes. Diese intuitive Schau und Einsicht in den eigenen Seinsmittelpunkt wird gleichsam erzwungen, indem dem Drang des Bewußtseins nach außen, zum Objekt hin, der Weg versperrt wird. Diese Einsicht in die Natur des Geistes ist nicht eine losgelöste, dualistische Erkenntnis, die dem erkannten Objekt gegenübersteht, sondern erfährt sich als identisch mit der Natur dessen, was Gegenstand und Inhalt der Einsicht ist. Die tibetische Tradition sagt, daß die Einsicht zum erschauten Inhalt sich verhalte wie ein Wassertropfen, der in Wasser fällt. Theoretisch betrachtet ist die Einsicht in die Natur des jeweiligen Bewußtseinsmomentes vergänglich. Da jedoch die Natur des Bewußtseinsmomentes identisch mit der Natur des Geistes an sich ist, und diese Natur immer gleich bleibt, bleibt auch die Einsicht konstant und damit unvergänglich. Der Begriff *rang-rig* bezeichnet also sowohl diese meditative Introspektion oder Ein-Sicht wie auch die Natur des Geistes an sich.

Im folgenden Kapitel wird auch mehrfach von Nervenkanälen gesprochen. Diese dürfen nicht mit den Nervenbahnen verwechselt werden, wie sie aus der westlichen Medizin bekannt sind. Diese Nervenkanäle sind keine somatischen Gegebenheiten, sondern Bahnen, die funktionale Strukturen des Bios bezeichnen. Ihre Existenz wurde nicht mit dem Seziermesser bloßgelegt, sondern in der yogischen Praxis. Für den Menschen, der gewohnt ist, die westliche Naturwissenschaft für die einzig mögliche Art der Weltbetrachtung zu halten, ist dies gewiß schwer verständlich. Kein Geringerer als der berühmte Physiker und Nobelpreisträger C. F. von Weizsäcker versuchte die im Yoga zu erfahrende Wirkweise des menschlichen Leibes mit westlichen naturwissenschaftlichen Denkmethoden zu betrachten und zu verstehen. (C. F. von Weizsäcker – Gopi Krishna: *Biologische Basis religiöser Erfahrung*. Weilheim 1971, S. 24 ff.)

Im Text wird die Kenntnis um die Vorgänge in diesen Nervenkanälen als bekannt vorausgesetzt, weshalb ich hier kurz darauf eingehen möchte: Der Körper wird von drei großen Nervenkanälen durchzogen. Parallel zum Rückgrat verläuft der mittlere Kanal, rechts und links davon ein weiterer. Diese Nervenkanäle gleichen in ihrem Aufbau dem Bambus: horizontale Abschnürungen verhindern das ungehemmte Durchströmen der Vitalität, oder Lebenskraft, welche ihrerseits eng mit dem Lebensodem und darüber hinaus mit dem Atem verbunden ist. Zu Lebzeiten sind diese drei Nervenkanäle miteinander verknüpft, so daß die Vitalität eben nicht frei in ihnen fließen kann. Mit dem Tod löst sich diese Verkrampfung, die Vitalität fließt in den mittleren Nervenkanal. Das Umlegen der Leiche, wovon im Text gesprochen wird, verfolgt den Zweck, das Lösen der Nervenkanäle aus ihrer gegenseitigen Verstrickung zu erleichtern (vgl. Geshe Rabten: *The Preliminary Practices.* Library of Tibetan Works and Archives. Dharamsala 1976, S. 13 f.).

1. Verwirklichung der Einsicht aufgrund früherer Übung

Hierbei gibt es Wesen, die – obgleich sie gutes Verständnis besitzen – die Wahrheit nicht erkannt, und Wesen, die – obwohl sie diese erkennen – sie nur wenig verwirklicht haben, und alle Arten von einfachen Menschen, die die erbetenen mystischen Anweisungen geübt haben. Wenn diese [die Übung des Urlichts] angewandt haben, dann steigen sie, da sie ja das Urlicht [im Augenblick des Todes] verstehen, ohne Zwischenzustand, ohne Hemmnis zu dem geburtslosen Zustand des wahren Seins auf. Wie soll nun [die Übung des Urlichts] angewandt werden? Ist der geistliche Lehrer, von dem der Sterbende geistige Anleitungen erbat, gegenwärtig, dann ist es am besten. Ist dieser nicht anwesend, dann soll ein geistlicher Bruder, der Gelübde vom gleichen [Lehrer wie der Sterbende erhalten hatte], oder – wenn ein solcher nicht da ist, ein ehrwürdiger Lehrer der gleichen spirituellen Tradition und – wenn keiner von diesen vorhanden ist – irgendeine Person, die diese Worte deutlich und klar lesen kann, *Die Große Befreiung durch Hören*[8] mehrfach lesen! Hat der Lama dem Sterbenden dadurch den Sinn der Anweisungen vergegenwärtigt, wird er augenblicklich des Urlichts ansichtig werden und ohne Zweifel die Befreiung erlangen.

Der Zeitpunkt für die Anleitung: Ist der äußere Atem versiegt und die Vitalität[9] in den zentralen Nervenkanal eingegangen, dann steigt im Bewußtsein des Sterbenden ein von jeder Vorstellung freies Licht auf. Zieht die Vitalität sich zurück und beginnen der rechte und linke Nervenkanal sich voneinander zu lösen, dann steigt langsam die Wahrnehmung des Zwischenzustands auf. Solange der rechte und linke Nervenkanal sich noch nicht getrennt haben, soll *Die Große Befreiung durch Hören* gelesen werden.

Die Dauer: Der Zeitraum, in dem der äußere Atem versiegt ist, der innere Odem aber noch existiert, währt nur so lange, wie man zum Verzehren einer Mahlzeit braucht.

2. Die Übertragung des Bewußtseins

Die Art und Weise der Anleitung: Es ist am günstigsten, wenn man die Bewußtseinsübertragung zu der Zeit vornimmt, da der Atem nahe am Versiegen ist. Nimmt man sie nicht vor, erkläre man folgendes:

»Sohn von edlem Stamm, N. N., da nun für dich die Zeit gekommen ist, einen Weg zu suchen, und nachdem dein Atem fast aufgehört hat, wird dir das, was man das Urlicht des ersten Zwischenzustands nennt, und dessen Sinn dir dein Lama früher vor Augen geführt hat, das Sein-an-sich, leer und bloß wie der Himmel als der unbefleckte nackte Geist, der klar und leer, ohne Begrenzung oder Mitte ist, aufgehen. Zu dieser Zeit sollst du dieses erkennen und eben darin verharren! Ich aber werde dich zu dieser Zeit zur Einsicht führen!«

Ehe der äußere Atem versiegt ist, wiederhole man dies viele Male nahe seinem Ohr und präge [den Sinn] seinem Geist ein! Wenn danach der äußere Atem fast versiegt ist, lege man [den Sterbenden] mit seiner rechten Seite auf die

Erde und bringe ihn in die Löwenstellung[10]. Dadurch wird das Pulsieren in der [rechten] Hauptarterie gehemmt, und die beiden Arterien werden stark gedrückt, bis der Puls zu schlagen aufhört [und ein] schlaf[ähnlicher] Zustand herbeigeführt wird[11]. Nachdem die Vitalität in den Nervenkanal eingegangen ist und nicht mehr zurückkehren kann, ist es gewiß, daß sie durch die Fontanelle austritt. Auch während dieser Zeit wird die Anleitung vorgelesen. Zu dieser Zeit steigt im Geist aller Wesen eine ganz lautere Ahnung des wahren Seins auf, was man auch als das Licht des Seins-an-sich während des ersten Zwischenzustands bezeichnet.

Ist der äußere Atem versiegt, der innere Odem aber noch nicht, so ist der Zeitpunkt, da die Vitalität in den zentralen Nervenkanal eingeht, nahe. Einfache Leute sagen dazu, das Bewußtsein [des Sterbenden] würde ohnmächtig. Die Dauer [dieses Vorganges] ist ungewiß. Sie beruht auf der Qualität seiner geist-körperlichen Grundlagen und dem Fortschritt, [den der Sterbende] in der Vitalitäts-Meditation [gemacht hat]; bei jenen, die eine reiche yogische Übung und Festigkeit in der Meditation der Stille haben und zu denen gehören, deren Nervenkanäle geläutert sind, kann dieser Zustand lange dauern. Wenn dies zutrifft, dann soll man eifrig in der Anleitung fortfahren, bis aus den Öffnungen der Sinnesorgane eine gelbliche Flüssigkeit austritt. Bei denen, die voller Fehler und deren Nervenkanäle unrein sind, dauert dieser Zustand nicht einmal so lange wie ein Fingerschnalzen. Bei einigen dauert er nicht länger als das Verzehren einer Mahlzeit. Da die meisten Sutras und Tantras lehren, daß [dieser Zustand] drei und einen halben Tag andauere, und da er auch in den meisten Fällen drei und einen halben Tag anhält, soll man diese Anleitung mit Eifer betreiben!

3. Die Geisteshaltung der Erleuchtung

Kommentar:

Die Geisteshaltung der Erleuchtung (skr. *bodhicitta*) ist das Charakteristikum des Mahāyāna-Buddhismus bzw. des Bodhisattva, der in seinem spirituellen und ethischen Streben eben kraft dieser Geisteshaltung die Erleuchtung verwirklicht. Worin besteht nun diese Geisteshaltung? Kurz und etwas vereinfacht gesagt, besteht sie in der festen Absicht, allen Lebewesen den Weg zur eigenen Befreiung zu weisen, sie also den Dharma zu lehren. Diese Absicht gründet sich auf das allumfassende, durch nichts zu entmutigende Mitleid des Bodhisattva mit allen Lebewesen. Da aber dieses Weisen des Weges zur Befreiung unermeßliches Wissen, sowohl faktisches wie auch pädagogisches verlangt, ist der Bodhisattva genötigt, erst selbst die Erleuchtung zu erlangen, um die Wesen in bester Weise und je nach ihren individuellen Fähigkeiten zu belehren. Da nicht jeder Anhänger des Mahāyāna-Buddhismus die ethische und geistige Kraft hat, die eigene Existenz total unter das Heil der anderen Wesen zu stellen, gibt es eine Vorstufe, die der Einübung dieser Geisteshaltung gewidmet ist. Man wünscht allen Lebewesen von ganzem Herzen Glück und Frieden, vermeidet alles, was ihnen Leid bringen würde, und widmet jedes Verdienst, das aus einer im heilsgeschichtlichen Sinne guten Tat erwächst, dem hohen Ziel, eben dem Heile aller Wesen. Um dieses Zieles willen erstrebt der Anhänger des Mahāyanā die Erleuchtung.

Die Art und Weise der Anleitung: Wenn [der Sterbende] die Kraft hatte, bereits früher auf das eigene Heil hinzuarbeiten, [dann] erübrigt sich das folgende. Hatte er sie jedoch nicht, dann soll der Lama, der Schüler oder ein geistlicher Bruder, der ihm innerlich sehr verbunden war, nahe bei ihm dies vortragen:

»Nun ist das Zeichen da, daß sich Festes in Flüssiges auflöst, Flüssiges in Hitziges und Hitziges in Vitalität und Vitalität in Bewußtsein.«

So sind die äußeren Merkmale gleichsam der Reihe nach klar darzulegen. Sind die äußeren Merkmale [des Todes] nun nahezu vollständig, dann ermahne man [den Sterbenden] folgendermaßen, so daß er die Geisteshaltung der Erleuchtung[12] [hervorbringe]:

»Sohn der Edlen«, oder, wenn er ein Lama war, »ehrwürdiger Herr, laß dein Denken sich nicht zerstreuen!« So flüstere man ihm mit leiser Stimme ins Ohr. War [der Sterbende] ein geistlicher Bruder oder ein anderer Mensch, dann rufe man ihn mit Namen und spreche:

»Edler Sohn, du bist nun hier bei dem angelangt, was man den Tod nennt. Die Geisteshaltung der Erleuchtung sollst du so hervorbringen!

›Wehe, da nun für mich die Todesstunde gekommen ist, will ich, gestützt auf dieses Todeserlebnis, nur Liebe, Mitleid und die Geisteshaltung der Erleuchtung in mir erwecken. Damit ich zum Heil aller Wesen, die [endlos] wie der Himmel sind, die vollkommene Buddhaschaft erlangen möge!‹

Indem du dies denkst und die Geisteshaltung der Erleuchtung hervorbringst und besonders zu der Zeit, da du nach dem Heil aller Lebewesen [verlangst], wirst du das Licht im Tode als das Wesen des Wahren Seins erkennen. Aufgrund der Natur [dieses Lichtes] wirst du die höchste Vollendung des Großen Siegels[13] erlangen und zum Heile aller Lebewesen wirken. Solltest du aber [diese höchste Vollendung] nicht erlangen, mußt du den Zwischenzustand als solchen erkennen und den Zustand des Großen Siegels gleichzeitig mit dem Zwischenzustand verwirklichen. Mit einer Gestalt, die zum Belehren [geeignet ist], wie immer sie beschaffen sei, mögest du zum Heile aller Lebewesen wirken, die [unendlich] wie der Himmel sind. Ohne den Gedanken an die Geisteshaltung der Erleuchtung aufzugeben, sollst du dich der früheren Unterweisung in der Meditation und ihrer Übung erinnern.«

Dies erkläre man mit klaren Worten, indem man den Mund nahe am Ohr [des Sterbenden hat], und helfe ihm, sich seine frühere Übung zu vergegenwärtigen, damit er nicht einen Augenblick in Zerstreuung verfällt.

4. Einsicht in das Urlicht

Kommentar:

Das Wort Einsicht wurde bewußt gewählt, um den hier gemeinten Vorgang vom Erkennen abzusetzen, das doch viel mehr das intellektuelle Wahrnehmen von Faktischem bedeutet als das intuitive, das Wesen des Menschen zutiefst verändernde Einsehen. Alexander Gosztonyi formulierte es zutreffend: »Während die rationale Geistigkeit den Menschen zur Erkenntnis führt, ermöglicht die transzendentale die Einsicht. Einsicht ist das Erfassen der inneren Zusammenhänge der Welt.« (*Grundlagen der Erkenntnis*. München 1972, S. 260.)

Diese fundamentale Einsicht, daß das dem eben Verstorbenen aufscheinende Licht Geist ist, wird durch zwei Methoden ermöglicht. Die erste besteht darin, daß das Licht als Buddha Amitābha erfahren wird, die zweite darin, daß das Licht als der eigene *Yi-dam* erlebt wird. Über Buddha Amitābha wurde bereits gesprochen. Er ist der Buddha des unermeßlichen Lichtes, nicht eines irdischen Lichtes, sondern eines transzendenten Lichtes, das der Grund alles Daseienden ist. Im Licht allein ist die unfaßbare Wirklichkeit der Phänomene, eben ihre Leere, zu erschauen. Der Gläubige, dem die meditative Imagination des Buddha Amitābha vertraut ist, kann nun leicht zur Einsicht in die wahre Natur dieses Lichtes kommen, wenn er dieses eben mit dem Wesen des Buddha gleichsetzt. Gleiches trifft für den *Yi-dam* zu. Doch vorher muß dieser

Begriff, für den leider kein europäisches Wort eine geeignete Wiedergabe darstellt, erklärt werden. Er bezeichnet jenen im Menschen eingeborenen Genius, der einesteils aufs innigste mit dem Wesen des Menschen verquickt ist, andererseits aber den Menschen überragt und eben deshalb helfend und leitend ihm beisteht. Diese Vorstellung findet sich bei vielen Religionen, man denke nur an den Schutzengel im Christentum. Der *Yi-dam* ist also sowohl ein Wesen, das die Natur des Menschen in ihrer individuellen Ausprägung umgreift, über diese aber auch hinausführt und daher am Göttlichen teilhat. So werden in Tibet die *Yidams* meist in schreckenerregender Gestalt dargestellt, mit vielen Attributen des Grauens ausgestattet und doch als ein bis ins Innerste gütiger Bodhisattva verstanden. Dieses schreckvolle Äußere entspringt seinem Wunsch, den Menschen möglichst wirkungsvoll zu leiten und zu führen. Die Verbindung zwischen *Yi-dam* und Gläubigen wird in einer tantrischen Einweihung begründet; fortan besteht ein intimes Band zwischen beiden, das stets vor dem Zugriff der anderen geschützt wird. Avalokiteśvara, der im Text meist als Herr des Mitleids oder als Großer Mitleidsvoller bezeichnet wird, ist einer jener großen, die Welt überragenden Bodhisattvas, die in ihrem Streben, allen Wesen den Weg zur Befreiung vom Leid zu zeigen, Übermenschliches vollbringen. Ihr Mitleid ist allgegenwärtig, und kraft eines Versprechens, das jeder dieser großen Bodhisattvas in der Vergangenheit feierlich abgelegt hat, wird, wer sich vertrauensvoll um Hilfe an sie wendet, diese auch erfahren. Natürlich kann dies nur dann geschehen, wenn das eigene Karma dem nicht im Wege steht, denn auch ein Bodhisattva kann die Kraft des Karma nicht aufheben. Er kann den Gläubigen nur beeinflussen, seine innere Haltung zu ändern und so den negativen Tendenzen seines Karmas zu begegnen.

Wenn danach der äußere Atem ganz versiegt ist und die Arterien, die sich im Schlaf befinden, stark gepreßt werden, spreche man dies wörtlich klar aus: Wenn er ein Lama, oder ein Gesche[14], größer als man selbst, war, [spreche man]:

»Ehrwürdiger, dir wird nun die Erscheinung des Urlichtes aufgehen. Dies erkenne als solches! Ich bitte dich, nimm diese Übung auf dich.«

So bitte man ihn. Alle anderen [Sterbenden] unterweise man folgendermaßen:

»Sohn der Edlen, N. N., höre! Dir wird nun das reinste Licht des Wahren Seins aufleuchten. Dies mußt du erkennen! Sohn der Edlen, das innewohnende Sein[15] deines gegenwärtigen Erkennens ist eben diese bloße Leere; diese hat auch kein Sein als Ding, Phänomen oder Farbe, sondern ist bloße Leere. Dies eben ist die absolute Wirklichkeit als [der weibliche Buddha] Samantabhadrā[16]. Da dein Erkennen bloß in Leere besteht, laß diese Leere nicht bedeutungslos werden: Dieses noch nicht vergangene Erkennen ist eben der klare, leuchtende Geist, ist der männliche Buddha Samantabhadra. Deine eigene Geist-Natur ist leer an innewohnendem Sein und an jeglicher Substanz, während dein Intellekt leuchtend klar ist. Diese beiden [Geist-Natur und Intellekt] sind untrennbar, und sie sind das Wahre Sein, der Buddha. Deine Geist-Natur, gleichermaßen klar und leer, besteht in einer Fülle von Licht, und da sie frei von Werden und Vergehen ist, ist sie eben der Buddha des Unvergänglichen Lichtes [i. e. Amitābha]. Dies erkenne! Hast du deine eigene geistige und intellektuelle Natur als leer an einem innewohnenden Sein, als Buddha erkannt, dann schaue selbst auf deine geistige Natur. Dies ist das Versunkensein in die Andacht des Buddha[17].«

So soll man drei- bis siebenmal deutlich und klar vorlesen. Da damit [der Sterbende] sich erstens der Unterweisungen seines früheren Lamas erinnert, zweitens die nackte eigene Geist-Natur als lichthaft erkennt und da er drittens vom Wahren Sein nicht mehr zu unterscheiden ist, nachdem er sein eigenes Sein erkannt hat, wird er sicher befreit. Damit kann er durch die Einsicht in das Urlicht beim erstenmal befreit werden.

Auch wenn man zweifelt, ob [der Sterbende] das erste Licht begriffen hat, so wird ihm das, was man das zweite Licht nennt, aufscheinen. Was dessen Dauer betrifft, so währt es, nachdem der äußere Atem versiegt ist, etwas länger, als man zum Verzehren einer Mahlzeit braucht. Je nach der Qualität des Karma entweicht die Vitalität [aus dem mittleren Nervenkanal] in die entsprechende rechte oder linke und tritt aus der jeweiligen Körperöffnung hervor, womit das Bewußtsein Klarheit gewinnt. Wenn gesagt wurde, [dieser Zustand] dauere so lange, wie man braucht, um eine Mahlzeit zu verzehren, dann beruht das auf der Qualität seiner Nervenbahnen und dem Ausmaß seiner yogischen Übungen. Zu dieser Zeit, da das Bewußtsein ausgetreten ist, kann [der Tote] nicht erkennen, ob er gestorben ist oder nicht. Er wird seine Verwandten wie früher erblicken und ihr Weinen und Klagen hören. So lange, wie die trügerischen Erscheinungen des Karma und die Angst vor dem Todesgott noch nicht aufgetreten sind, soll man auch in der Unterweisung fortfahren.

Hierbei besteht ein Unterschied zwischen jenen, die die Stufe der Vollkommenheit[18], und denen, die die Stufe der Imagination[19], erreicht haben: Wenn [der Tote] die Stufe der Vollkommenheit erreicht hat, rufe man ihn dreimal bei seinem Namen und erkläre ihm wiederholt die obige Unterweisung über das Licht. Wenn er die Stufe der Imagination erreicht hat, lese man ihm das Haupt-Sādhana und ikonographische Beschreibungen seiner jeweiligen Gottheit vor [über deren Erscheinung der Tote zu Lebzeiten meditierte]:

»Sohn der Edlen, betrachte deine schützende Gottheit[20]! Sei nicht zerstreut und versenke dich mit großem Eifer in die schützende Gottheit! Ihre Erscheinung betrachte als ohne substantielles Sein, gleich [dem Spiegelbild des] Mondes im Wasser! Du sollst sie nicht als materiell betrachten!«

So unterweise [der Lama den Toten] klar. War [der Tote] ein gewöhnlicher Mensch, dann unterweise man ihn mit den Worten: »Betrachte den Herrn des Großen Mitleids (Avalokiteśvara)!« Da man in dieser Weise [dem Toten] zur Einsicht verhilft, werden sogar ohne Zweifel diejenigen [die Wahrheit] begreifen, die [von sich aus] den Zwischenzustand nicht erfassen könnten.

TEIL II

Der Zwischenzustand des Seins-an-sich

Kommentar:

Der erste Zwischenzustand, der unmittelbar dem Tod folgt, kann in schierer Bewußtlosigkeit verdämmert werden, so daß die beste Möglichkeit zur Einsicht in die wahre Natur der Erscheinungen nach dem Tod ungenützt vorübergeht. Nur die, die über eine gründliche spirituelle Übung und Erfahrung verfügen, können in dieser ersten Phase nach dem Tod das Urlicht in seiner Klarheit erschauen. Sie sind dann auch in der Lage, diesen Zustand für längere Zeit andauern zu lassen. Den anderen vergeht er »wie ein Fingerschnalzen« – wie der Text sagt.

Das Wahre Sein, das sich im ersten Zwischenzustand als ungeteiltes Urlicht offenbarte, entfaltet sich nun in fünffacher Weise. Die Pentade der Buddhas – oft auch als Dhyāni-Buddhas bezeichnet – erscheint dem Toten in gleißenden, blendenden Lichtaureolen. Um zu verdeutlichen, daß in dieser Pentade das ganze Universum, soweit es einem Lebewesen erfahrbar ist, eingeschlossen ist, wird jeder der fünf Buddhas mit weiteren Strukturelementen verbunden. Es sind dies keine physischen Elemente, sondern Strukturen, die das Universum als Gegenstand geistiger Erfahrung ausmachen: Jedem Buddha entspricht eine bestimmte Himmelsrichtung sowie eine bestimmte Farbe, ein Emblem, ein Reittier und Element, sowie ein bestimmter Daseinsbereich, die alle der Himmelsrichtung zugeordnet sind. Ferner werden jedem Buddha eine bestimmte Art der Weisheit, verkörpert in der weiblichen Gefährtin, die ihn umfaßt, sowie weibliche und männliche Bodhisattvas zugeordnet. Damit ist aber die Liste der Parallelisierungen noch

Übersicht zur Pentade der Buddhas

Name d. Buddha	Vairocana	Akṣobhya	Ratnasambhava	Amitābha	Amoghasiddhi
Seine Farbe	weiß	bläulich	gelb	rot	grün
Weibliche Gefährtin	Akāśadhateśvarī	Buddhalocanā	Māmakī	Pāṇḍaravāsinī	Samayatārā
Himmelsrichtung	Mitte	Osten	Süden	Westen	Norden
Urweisheit	Urweisheit der Sphäre des Seins-an-sich	Spiegelgleiche Urweisheit	Urweisheit der Gleichheit aller Phänomene	Urweisheit der Unterscheidung	Urweisheit des vollendeten Wirkens
Emblem	Rad	Vajra	Juwel	Lotus	Doppel-Vajra
Daseins-Konstituente	Bewußtsein	Gestalthaftigkeit	Gefühl	Wahrnehmung	Gemütskräfte
Komplementärer Daseinsbereich	Götter	Hölle	Menschen	Hungergeister	Asura (Götter des Kampfes)
Dessen Farbe	weiß	rauchfarben	blau	gelb	rot

nicht erschöpft, denn diese Buddhas vereinen in sich auch das Unvereinbare. Die fünf Gifte – Haß, Nichtwissen, Neid, Fleischeslust und Begehren – werden von ihnen in die fünf Weisheiten verwandelt, ebenso wie die fünf Konstituenten des Daseins (Gestalt, Gefühl, Wahrnehmung, Gemütskräfte und Bewußtsein).

Dieser Auffassung liegt eine Konzeption zugrunde, die als Basis vor allem des tantrischen Buddhismus bezeichnet werden darf: daß nämlich in der exzessiven Erfahrung einer einzelnen Leidenschaft oder Verblendung gleichzeitig die Erfahrung ihres Gegenteils eingeschlossen ist, wenn diese Erfahrung nur intensiv genug ist und aller vorgeprägten Wertungen und Meinungen entbehrt. So sind auch die anscheinenden Ungereimtheiten in den Lebensberichten der tantrischen Mystiker zu verstehen, die das Unreinste tun und doch voll Lauterkeit sind. Der Tantrismus versucht damit die Philosophie der Madhyamaka-Lehre, die ja jede wesentliche Unterscheidung der Phänomene an ihrer Relativität scheitern sieht, in eine existentielle Erfahrung umzumünzen. Die nachstehende Tabelle mag die Übersicht über die Vision der Pentade der Buddhas erleichtern.

Gegen Ende der Visualisation eines jeden Buddhas folgen Gebete, in denen stets zwei Metaphern gebraucht werden, die zunächst etwas fremd anmuten mögen. Da heißt es, das vom Buddha ausstrahlende Licht sei ein Haken. Dieses Bild ist der indischen Ikonographie entlehnt und bedeutet den Leithaken des Elefantenführers. Dieses Werkzeug tritt auch als Attribut indischer Götter auf, denn der Gott leitet den Menschen so, wie der Elefantenführer mit dem Haken den Elefanten führt, und ihn aus Unheil und Gefahr herauszieht. Um diesen Sinn ein wenig anzudeuten, wurde das Wort hier mit »Rettungshaken« wiedergegeben.

Wenn am Schluß der Vision der Buddha um Hilfe angerufen wird, dann heißt es, daß die jeweilige weibliche Gefährtin des Buddha »mich dabei von hinten unterstützen möge«. Als ein Bergvolk stellten sich die Tibeter auch die Wanderung durch den Zwischenzustand gerne in der Art einer äußerst gefährlichen Bergwanderung vor. Begriffe wie »Abgründe«, »Schluchten« u. ä. werden daher gerne verwendet. Und so faßt man auch die Hilfe durch den Buddha in ein sinnfälliges Bild: Der Buddha steht oben und zieht mit dem Rettungshaken seines Mitleids das Geist-Wesen aus dem Abgrund des Zwischenzustands heraus, wobei die dem Buddha zugeordnete heilige Mutter (*yum*) von hinten schiebt, um ganz sicher zu sein, daß das Geist-Wesen auch gerettet wird. Da der Verstorbene so von vorne und hinten von helfenden Mächten flankiert wird, kann er getrost alle Angst fallenlassen und sich der Führung des Buddha anvertrauen.

1. Einleitung

Hat er aber, obwohl er zu Lebzeiten von einem Lama zur Einsicht gebracht wurde, nur wenig spirituelle Übung, dann kann er von sich aus keine Klarheit über den Zwischenzustand gewinnen. Deshalb muß ein Lama oder ein geistlicher Bruder ihn klar und deutlich unterweisen. Doch auch wenn er über spirituelle Übung verfügt, aber im Todesaugenblick durch eine heftige Krankheit so verwirrt ist, daß er sich [den Sinn der früheren Unterweisungen] nicht mehr vergegenwärtigen kann, dann ist diese Art von Unterweisung nötig. Auch wenn er früher die spirituelle Übung des geistlichen Weges beherrschte, seine Gelübde aber aufgegeben hatte und – da er sein [tantrisches] Hauptgelübde nicht unverbrüchlich halten konnte – zu denjenigen gehört, die eine schlechte Wiederverkörperung erfahren werden, braucht er diese Unterweisung unbedingt.

Am besten ist es, wenn [der Tote das Licht] im ersten Zwischenzustand erkennt. Erkennt er es jedoch nicht, dann wird er befreit, wenn während des zweiten Zwischenzustands durch die Hilfe der klaren Anweisung seine Geist-Natur erwacht. Ferner wird im zweiten Zwischenzustand ein reines Wissen auftreten, das man bisher, als Toter oder Lebender, nicht besaß. Dies ist das, was man den wahren Illusionsleib[21] nennt.

Begreift [der Tote] zu dieser Zeit nun die Unterweisung, dann [erkennt] er das So-Sein [der Wirklichkeit], so wie Kind und Mutter sich erkennen. Das Karma kann daran nichts ändern. Ein Beispiel hierzu: So wie das Licht der Sonne die Dunkelheit besiegt, so besiegt das helle Licht des geistigen Pfades die Kraft des Karma, und man erlangt die Befreiung. Ferner geht nun dem Geist-Wesen[22] deutlich das auf, was man den zweiten Zwischenzustand nennt.

Das Bewußtsein [des Toten] schweift wie vorher in Hörweite [um die Leiche]. Wenn [der Tote] zu dieser Zeit die Unterweisung versteht, ist der Sinn erfüllt, und da die wirren Erscheinungen des Karma noch nicht aufgegangen sind, kann man nach Belieben noch Einfluß nehmen.

Auch wenn [der Tote] das Urlicht nicht erkannt hat, aber nun das Licht des zweiten Zwischenzustands erkennt, wird er befreit. Wenn er hierdurch nicht befreit wird, dann nennt man [das Kommende] den dritten Zwischenzustand. Wenn der Zwischenzustand des Seins-an-sich aufgeht, ziehen die wirren Erscheinungen des Karma im dritten Zwischenzustand auf. Zu dieser Zeit muß man unbedingt die *Große Einsicht in den Zwischenzustand des Seins-an-sich*[23] lesen, denn dieses [Traktat] ist wirkungsmächtig und hilfreich. Zu dieser Zeit weinen und wehklagen seine Verwandten, geben ihm seinen Anteil am Essen nicht, nehmen ihm seine Kleider weg, räumen seinen Schlafplatz auf. Wenn sie ihn rufen, so kann er sie hören, aber wenn er sie ruft, dann hören sie ihn nicht. Deshalb entflieht er immer wieder voll Wehmut.

2. Anweisung zur Einsicht während des zweiten Zwischenzustands

Zu dieser Zeit nimmt [der Tote] Töne, Licht und Strahlen wahr, und Furcht, Schrecken und Entsetzen lähmen ihn. Deshalb muß man zu dieser Zeit die *Große Einsicht in den Zwischenzustand des Seins-an-sich* lesen. Nun rufe man [den Toten] bei seinem Namen und lese diese Worte klar und deutlich:

»Sohn der Edlen, höre gesammelt und mit großem Eifer zu! Es gibt sechs Arten des Zwischenzustands. Nämlich: den Zwischenzustand der natürlichen Geburtsstelle (i. e. der Mutterschoß), den Zwischenzustand des Traumes, den Zwischenzustand der Versenkung, den Zwischenzustand der Todesstunde, den Zwischenzustand des Seins-an-sich und den Zwischenzustand des Werdens in Abhängigkeit[24]. Sohn der Edlen, dir jedoch werden drei Arten des Zwischenzustands erscheinen: der Zwischenzustand der Todesstunde, der des Seins-an-sich und der des Werdens. Von diesen ist dir zwar vor kurzem das Licht des Seins-an-sich im Zwischenzustand der Todesstunde aufgegangen, aber da du es nicht wahrlich begreifen konntest, mußt du nun hier umherirren. Nun wird dir der Zwischenzustand des Seins-an-sich und der des Werdens aufgehen. Die Einsicht, die ich dir vermittle, sollst du wahrhaft gesammelt erfassen.

Sohn der Edlen, nun widerfährt dir das, was man den Tod nennt. Du mußt diese Welt verlassen. Du bist nicht der einzige, dem solches widerfährt. Da dieses allen geschieht, sehne dich nicht nach diesem Leben und verlange nicht danach! Auch wenn du dich danach sehnst und verlangst, hast du nicht die Macht zu bleiben. Dir bleibt nichts anderes, als im Kreislauf [der Existenzen] umherzuirren. Sehne dich nicht danach, verlange nicht danach! Vergegenwärtige dir die Drei Kostbarkeiten!

Sohn der Edlen, auch wenn dir die Erscheinungen des Zwischenzustands des Seins-an-sich noch so furchtbar und schrecklich aufsteigen, darfst du diese Worte nicht vergessen! Und nun geh dahin, indem du dir den Sinn dieser Worte einprägst. Dies ist die Quintessenz dieser Unterweisung.

› Wehe! Zu der Zeit, da mir der Zwischenzustand des Seins-an-sich aufsteigt, und da ich jedwede Furcht und Angst zurückgewiesen habe, möchte ich doch zur Einsicht gelangen, daß alles, was mir aufsteigt, eine Erscheinung meiner eigenen Geist-Natur ist. Möchte ich doch erkennen, daß dies die Weise ist, in der der Zwischenzustand erscheint! An diesem hochbedeutsamen Zeitpunkt angelangt, möge ich die Scharen der Friedvollen und Schrecklichen, die ja eine Erscheinung meiner selbst sind, nicht mehr fürchten!‹

Indem du dir diese Worte klar und deutlich vorsprichst, vergegenwärtige dir im Herzen ihren Sinn. Vergiß sie nicht, denn der Sinn dieser Unterweisung ist, daß du jedwede Erscheinung, wie schrecklich sie auch sein mag, als eine Erscheinung deiner selbst verstehst.

Sohn der Edlen, zur Zeit, da Körper und Geist sich trennen, geht dir die wahre Erscheinung des Seins-an-sich als subtil und klar, hell-strahlend, von Natur aus leuchtend und doch furchterregend auf, gleich dem Glitzern einer flimmernden Fata Morgana über einer hochsommerlichen Ebene. Dies fürchte nicht! Erschrecke nicht! Habe keine Angst! Dies erkenne als den typischen Abglanz deines eigenen Seins! Aus dem Licht ertönt ein heftiger Donner, als der Laut, der dem Sein eigen ist. Es ist, als ob tausend Donner zur gleichen Zeit losdröhnten. Da aber dies der dem Sein eigene Laut ist, brauchst du ihn nicht zu fürchten! Erschrick nicht, habe keine Angst! Du hast nun das, was man das von Neigungen bestimmte Geist-Wesen[25] nennt. Aber da du keinen physischen Körper aus Fleisch und Blut hast, deshalb können dir die Laute, das Licht und die Strahlen, die da aufscheinen, nichts anhaben, denn du kannst nicht sterben. Du mußt sie nur als Erscheinungen deiner selbst erkennen. Dies verstehe als den Zwischenzustand! Sohn der Edlen, wenn du dieses nicht als Erscheinungen deiner selbst erkennst und durch diese Unterweisung nicht zur Einsicht gelangst, dann wird das Licht dich in Furcht versetzen, die Klänge werden dich ängstigen und die Strahlen dich schrecken. Wenn du die Quintessenz dieser Unterweisung nicht verstehst, dann mußt du in der Wandelwelt[26] umherwandern, da du [die Natur] dieser Klänge, des Lichtes und der Strahlen nicht erkannt hast.«

3. Visionen der friedvollen Mächte

VISION DES VAIROCANA

»Sohn der Edlen, bereits seit drei und einem halben Tag bist du in Bewußtlosigkeit gewesen. Da du aus der Bewußtlosigkeit erwachst, wird dir der Gedanke kommen: ›Was ist mir nur geschehen?‹ Deshalb mußt du erkennen, daß du im Zwischenzustand [bist]. Zu dieser Zeit, da du dich von der Wandelwelt abkehrst[27], gehen alle Erscheinungen als Licht und göttliche Personen auf. Der ganze Himmel erstrahlt in hellblauer Farbe.

Zu dieser Zeit geht dir die Vision des Erhabenen Vairocana auf. Er sitzt im Seligen Gefilde der Mitte, Ausbreitung des Lichtpunkts genannt[28] auf dem Löwenthron, ist von weißer Farbe, hält das achtspeichige Rad in der Hand und umfängt die göttliche Mutter[29] Akāśadhāteśvarī (d. i. Beherrscherin des Himmelsraums) von Angesicht zu Angesicht. Da die Bewußtseins-Konstituente geläutert wurde, geht vor dir das hellblaue Licht, das die Urweisheit der Sphäre des Seins-an-sich[30] ist, klar, durchsichtig, leuchtend und strahlend auf. Aus dem Herzen des göttlichen Vairocana und der göttlichen Mutter trifft es dich so unmittelbar, daß deine Augen es kaum ertragen können.

Gleichzeitig mit diesem [strahlenden Licht] wird dich ein göttliches, weißes Licht treffen, das jedoch nicht strahlt. Kraft deines schlechten Karmas wirst du zu dieser Zeit vor dem hellblauen, strahlenden Licht, das die Urweisheit der Sphäre des Seins-an-sich ist, Angst und Schrecken empfinden, und du wirst ihm zu entfliehen suchen. Dagegen wird das göttliche, nichtstrahlende, weiße Licht dir eine angenehme Empfindung bereiten. Zu dieser Zeit sollst du vor dem hellblauen, klaren, strahlenden und durchsichtigen Licht keine Angst haben, denn es ist das Licht der erhabenen Weisheit, fürchte es nicht! Man nennt es das Licht des Tathāgata, und es ist die Urweisheit der Sphäre des Seins-an-sich, bringe ihm daher Glauben und Hingabe entgegen. Bedenke, dies ist das Licht des Mitleids des Tathāgata Vairocana! So flehe es an! So ist also der Tathāgata Vairocana gekommen, um dich am abgründigen Pfad des Zwischenstands zu empfangen. Dies ist Vairocanas Licht des Mitleids! Das göttliche weiße Licht, das strahlenlose, sollst du nicht schätzen, nicht begehren, nicht danach verlangen! Wenn du danach verlangst, wirst du im Kreise der sechs Daseinsbereiche[31] umherirren, da du [zunächst] in die Welt der Götter wandern mußt. Da [dieses weiße Licht] ein Hindernis auf dem Weg zur Befreiung ist, sollst du deinen Blick ihm nicht zuwenden! Nach dem hellblauen Licht, dem leuchtend klaren, sollst du verlangen und voll Inbrunst an Vairocana dieses Gebet richten, das du mir nachsprechen sollst!

›Wehe! Da ich zu dieser Zeit durch meine tiefe Unwissenheit in der Wandelwelt umherirrte, bitte ich Dich, Vairocana, mich auf den lichten Pfad der Urweisheit der Sphäre des Seins-an-sich, auf den [rechten] Pfad zu führen! Und die erhabene, göttliche Mutter Akāśeśvarī (Herrin des Himmelsraums) möge mir von hinten beistehen. Ich bitte Dich, errette mich aus dem abgründigen Pfad des Zwischenzustands und geleite mich zur vollkommen vollendeten Buddhaschaft!‹

Da du dieses Gebet mit tiefer Verehrung gesprochen hast, gehst du ein in die Aureole[32] um das Herz des göttlichen Vaters Vairocana und der göttlichen Mutter, und im Seligen Gefilde der Mitte, das Dicht-Gefügte[33] genannt, wirst du ein Buddha im Zustand des vollkommenen, spirituellen Mitteilens[34].«

VISION DES VAJRASATTVA AKṢOBHYA

»Ferner, wenn du trotz dieser Unterweisung, nämlich durch den hemmenden Einfluß deines Hasses und deiner Befleckungen, Angst vor dem Licht und dem Strahlen empfindest und zu fliehen suchst und trotz des Gebets verwirrt bist, werden am zweiten Tag sowohl die göttlichen Scharen des Vajrasattva wie auch dein schlechtes, höllisches Karma kommen, um dich zu empfangen.«

Um nun [den Toten] zur Einsicht zu bringen, rufe man ihn bei seinem Namen und spreche folgendes:

»Sohn der Edlen, höre ohne Zerstreuung zu! Am zweiten Tag erscheint dir ein weißes Licht, das die Sublimierung des Elementes Wasser ist. Gleichzeitig geht dir aus dem bläulich strahlenden Seligen Gefilde Hohes Glück[35] des Ostens die Vision des Erhabenen Vajrasattva Akṣobhya auf. Er ist von bläulicher Körperfarbe und hält einen fünfzackigen Vajra in der Hand, während er auf einem Elefanten sitzt und die göttliche Mutter Buddha-Locanā von Angesicht zu Angesicht umfangen hält. Sie sind umgeben von [den männlichen] Bodhisattvas Kṣitigarbha und Maitreya und den weiblichen Bodhisattvas Lāsyā und Puṣpā, so daß nun das Wesen des Buddha dir sechsfach erscheint.

Die Spiegelgleiche Urweisheit[36], die als weißes Licht der geläuterten Konstituente der Gestalthaftigkeit weiß, strahlend, klar und leuchtend ist, bricht aus dem Herzen des göttlichen Vaters Vajrasattva und der göttlichen Mutter hervor und trifft dich so unmittelbar, daß du [dieses Licht] fast nicht anzuschauen vermagst. Gleichzeitig mit diesem Licht der Urweisheit wird dich ein höllisches, rauchfarbenes Licht treffen, das jedoch nicht strahlt. Kraft deiner Ablehnung wirst du zu dieser Zeit vor dem weißen, strahlenden Licht Angst und Schrecken empfinden, und du wirst ihm zu entfliehen suchen. Dagegen wird das höllische, rauchfarbene Licht, das nicht strahlt, dir eine angenehme Empfindung bereiten. Zu dieser Zeit sollst du dieses weiße Licht, das leuchtend, strahlend, klar und durchsichtig ist, nicht fürchten, sondern es als die Urweisheit erkennen! Ihm sollst du gläubiges Vertrauen und Hingabe entgegenbringen. Es ist doch der Lichtstrahl des Mitleids des Erhabenen Vajrasattva. Voll Hingabe sollst du denken: ›Zu Ihm nehme ich Zuflucht!‹, und deine Gebete an ihn richten, denn er ist ja der Erhabene Vajrasattva, der gekommen ist, um dich aus dem Schrecken und den Ängsten des Zwischenzustands herauszuführen. Da dies doch ein eiserner Rettungshaken von Licht ist, nämlich das Mitleid des Vajrasattva, verlange danach! Neige dich nicht dem höllischen, rauchfarbigen Licht ohne Strahlen zu! Dies ist der unselige Pfad deiner Befleckungen, die du durch deinen heftigen Haß angehäuft hast. Verlange nicht danach, da du sonst an einen höllischen Ort gerätst! Bist du erst eingetreten in den Bereich des unerträglichen Leides und Elends, wird die Zeit des Entrinnens nicht [so bald] kommen, denn dies ist ein Hindernis, das den Weg zur Befreiung versperrt. Deshalb schau nicht darauf und gib deinen Haß auf! Begehre und verlange nicht danach!

Das weiße, leuchtende, strahlende Licht wünsche herbei! Wende dich voll Inbrunst mit folgendem Gebet an den Erhabenen Vajrasattva und sprich:

›Wehe! Da ich zu dieser Zeit, bedingt durch meinen tiefen Haß, in der Wandelwelt wandern muß, führe mich auf den leuchtend klaren Pfad der Spiegelgleichen Urweisheit, auf den [rechten] Pfad, o Erhabener Vajrasattva! Die göttliche Mutter Buddha-Locanā steht von hinten bei. Ich bitte Euch, befreit mich aus dem schrecklichen, abgründigen Pfad des Zwischenzustands! Geleitet mich zum Zustand der reinen, vollkommenen Buddhaschaft!‹

Da du mit diesen Worten voll inniger Verehrung und Hingabe betest, gehst du ein in die Aureole im Herzen des Erhabenen Vajrasattva. Und du wirst im Seligen Gefilde Hohes Glück ein Buddha, der im Zustand des vollkommenen, spirituellen Mitteilens ist.«

Obgleich sie zur Einsicht gebracht werden sollten, empfinden einige Lebewesen, die voll Stolz und Befleckungen sind, doch Furcht vor dem Licht des Mitleids, [das gleich] einem Rettungshaken [ist], und laufen weg. Deshalb kommen am dritten Tag die göttlichen Scharen des Ratnasambhava zusammen mit dem lichten Weg der Menschen, um [den Toten] zu empfangen. Wiederum gilt es, sie zur Einsicht zu bringen: Man rufe den Toten bei seinem Namen und spreche:

»Sohn der Edlen, höre ohne Zerstreuung zu! Da nun der dritte Tag gekommen ist, erscheint dir ein klares gelbes Licht. Zu dieser Zeit wird dir der Erhabene Ratnasambhava, mit gelber Körperfarbe und in der Hand ein kostbares Juwel haltend, im Seligen Gefilde des Südens – ›das Glanzvolle‹ genannt, erscheinen, wie er auf einem herrlichen Pferd sitzt und die göttliche Mutter Māmakī von Angesicht zu Angesicht umfängt. Er ist umgeben von [den männlichen] Bodhisattvas Akāśagarbha und Samantabhadra und den weiblichen Bodhisattvas Mālā und Dhūpā. Damit entfaltet sich dir aus der Sphäre des Lichtes[37], der Strahlen und der Aureole das Wesen des Buddha sechsfach.

Ein gelbes Licht, nämlich die geläuterte Gefühls-Konstituente strahlt gelblich als die Urweisheit von der Gleichheit [aller Phänomene][38], geschmückt mit großen und kleinen Lichtkränzen, hell-leuchtend und dem Auge unerträglich. Es trifft dich unmittelbar aus dem Herzen des göttlichen Vaters Ratnasambhava und der göttlichen Mutter hervorbrechend, so daß dein Auge es kaum anzusehen vermag.

Gleichzeitig mit diesem [Licht der Urweisheit] trifft ein menschliches, blaues Licht gegen dein Herz. Aufgrund deines Stolzes erwacht zu dieser Zeit in dir Furcht vor diesem strahlenden, leuchtenden gelben Licht, und du möchtest ihm entfliehen. Während in dir Freude und Zuneigung zu dem menschlichen, blauen Licht, das nicht strahlt, erwächst, sollst du eben dieses gelbe Licht, das klar, durchsichtig, strahlend und leuchtend ist, nicht fürchten, sondern es als die Urweisheit erkennen. Darin sollst du deinen Geist in der Gelassenheit seines Wesens ohne Tun[39] ruhen lassen. Auch sollst du dich ihm mit Verlangen und Hingabe zuwenden. Wenn du [dieses Licht] als das ureigene Strahlen deiner eigenen Geist-Natur erkennst, dann wirst du im Wesen identisch mit den göttlichen Personen und allen Lichtstrahlen und zu einem Buddha werden, auch wenn du keine Verehrung dargebracht und das Gebet nicht gesprochen hast. Wenn du [dieses Licht] aber nicht als das ureigene Strahlen deiner geistigen Natur erkennen kannst, dann bete mit tiefer Verehrung, indem du folgendes denkst: ›Dies ist der Lichtstrahl des Mitleids des Erhabenen Ratnasambhava. Zu ihm nehme ich Zuflucht!‹ Weil dies eben der Rettungshaken des Lichtes des Mitleids des Erhabenen Ratnasambhava ist, neige dich ihm in Verehrung zu! An dem menschlichen, blauen Licht ohne Strahlen empfinde keine Freude! Dies ist der unselige Lichtpfad deiner latenten Neigungen, angesammelt durch deinen großen Stolz. Wenn du nach ihm verlangst, gerätst du in die Menschenwelt, wo dir das Leid von Geburt, Alter, Krankheit und Tod sicher ist, da ja die Zeit zur Befreiung aus der Wandelwelt nicht gekommen ist. Weil dies also ein Hindernis auf dem Pfad zur Befreiung ist, sollst du deinen Blick ihm nicht zuwenden und dabei deinen Stolz aufgeben. Diese latenten Neigungen gib auf! Hänge ihnen nicht an! Verlange nicht danach! Dem gelben Licht, so klar und strahlend, neige dich zu und sprich dies Gebet, indem du dich auf den Erhabenen Ratnasambhava konzentrierst:

›Wehe! Zur Zeit, da ich durch meinen schrecklichen Stolz in der Wandelwelt umherirren muß, führe mich, o Erhabener Ratnasambhava, auf den lichten und wahren Pfad der Urweisheit von der wesensmäßigen Gleichheit aller Phänomene. Und die göttliche Mutter Māmakī möge mir dabei von hinten beistehen. So bitte ich dich, mich aus dem abgründigen Pfad des schrecklichen Zwischenzustands zu erretten und mich zur vollkommen vollendeten Buddhaschaft zu geleiten!‹

Wenn du dieses Gebet mit tiefer Verehrung gesprochen hast, gehst du ein in die Aureole um das Herz des göttlichen Vaters, des Erhabenen Ratnasambhava, und der göttlichen Mutter. Und im Seligen Gefilde des Südens, das Glanzvolle genannt, wirst du zu einem Buddha im Zustand des vollkommenen spirituellen Mitteilens. Da du so zur Einsicht gebracht wurdest, wirst du ohne Zweifel befreit werden, wie schwach auch dein Vermögen sein mag.«

VISION DES AMITĀBHA

Es gibt aber Gruppen von Menschen, die, obwohl sie mehrfach in dieser Weise zur Einsicht gebracht wurden, immer noch nicht diese Einsicht verwirklichten, sei es aufgrund der tiefen Verdunklungen [ihres Geistes], sei es, daß sie ihre religiösen Gelübde brachen, sei es, daß sie zu jenen gehören, denen es an Geschick gebricht. Aufgrund ihrer Begehrlichkeit und ihrer geistigen Verdunklungen ängstigen sie sich vor den Tönen und dem Licht und versuchen zu fliehen. Deshalb kommen am vierten Tag die göttlichen Scharen des Erhabenen Amitābha und das Licht des Pfades der Hungergeister[40], bedingt durch die Taten seiner Begehrlichkeit und seines Geizes, um ihn zu empfangen.

Wiederum soll [der Tote] zur Einsicht gebracht werden. Man rufe den Toten bei seinem Namen und spreche:

»Sohn der Edlen, höre ohne Zerstreuung zu! Am vierten Tage erscheint dir nun das rote Licht, das das sublimierte Element Feuer ist. Zu dieser Zeit geht dir im Seligen Gefilde des Westens, das Glückselige[41] genannt, der Erhabene Amitābha auf. Er ist von roter Körperfarbe, sitzt auf einem Pfauenthron, hält eine Lotosblüte in der Hand und umfängt die göttliche Mutter Pāṇḍaravāsinī (›Die Weiß Gewandete‹) von Angesicht zu Angesicht. Er ist umgeben von den beiden [männlichen] Bodhisattvas Avalokiteśvara und Mañjuśrī und den beiden weiblichen Bodhisattvas Kīrti und Alokā, so daß dir aus der Lichtsphäre der Aureole das Wesen des Buddha sechsfach aufscheint.

Die Urweisheit der Unterscheidung[42], die als rotes Licht der geläuterten Wahrnehmungs-Konstituente rot, strahlend, geschmückt mit großen und kleinen Lichtkränzen, klar und leuchtend, strahlend und funkelnd ist, bricht aus dem Herzen des göttlichen Vaters Amitābha und der göttlichen Mutter hervor und trifft dich ins Herz. Fast unerträglich für dein Auge kommt es auf dich zu. Fürchte dich nicht davor!

Gleichzeitig aber mit dem Licht der Urweisheit erscheint das gelbe Licht der Hungergeister, das strahlenlose, deshalb fühle dich nicht angezogen von ihm! Gib das Verlangen und Begehren danach auf!

Zu dieser Zeit wirst du kraft deiner starken Begierde vor dem roten Licht, dem strahlend klaren, Furcht empfinden und zu fliehen versuchen. Aber zu dem gelben strahlenden Licht der Hungergeister fühlst du dich hingezogen, und es erwächst ein starkes Verlangen danach in dir. Zu dieser Zeit sollst du das rote Licht, das strahlend leuchtende, nicht fürchten, sondern es als die Urweisheit erkennen! Hierauf sollst du den Geist in der Gelassenheit seines Wesens ohne Tun ruhenlassen und auch [diesem Licht] mit Vertrauen und Hingabe begegnen. Wenn du es als das ureigene Strahlen deiner selbst erkennst, wirst du – wesensgleich mit all den göttlichen Personen und dem Licht – in ihnen versinken und ein Buddha werden, auch wenn du keine Verehrung dargebracht hast und wenn du das Gebet nicht gesprochen hast.

Kannst du aber [die Wahrheit] auch in dieser Weise nicht erkennen, dann bete mit Verehrung und Hingabe, indem du denkst: ›Dies ist das Licht des Mitleids des Erhabenen Amitābha. Zu ihm nehme ich Zuflucht!‹ Dies ist der Lichthaken des Mitleids des Erhabenen Amitābha. Gib dich Ihm verehrungsvoll hin! Fliehe nicht [dieses Licht]! Auch wenn du es fliehst, wird es stets mit dir verbunden bleiben. Fürchte es nicht!

Nach dem gelben Licht der Hungergeister, dem strahlenlosen, sehne dich nicht, denn es ist der Lichtpfad deiner latenten Neigungen, die durch deine starke Begierde aufgestaut wurden. Wenn du danach verlangst, wirst du an den Ort der Hungergeister geraten und unerträgliches Leid durch Hunger und Durst erfahren. Da dies ein Hindernis auf dem Pfad zur Befreiung ist, verlange nicht danach, sondern gib diese Neigungen auf! Hänge ihnen nicht an! Dem roten Licht, dem klaren, strahlenden, sei hingegeben! Indem du dich ganz auf den Erhabenen Amitābha, den göttlichen Vater, und die göttliche Mutter konzentrierst, sprich dieses Gebet:

›Wehe! Zur Zeit, da ich durch meine starke Begierde in der Wandelwelt umherirre, führe mich, o Erhabener Amitābha, auf den hellen Lichtpfad der unterscheidenden Urweisheit! Und die göttliche Mutter Pāṇḍaravāsinī stehe mir von hinten bei! Ich bitte Dich, rette mich aus dem abgründigen Pfad des schrecklichen Zwischenzustands und geleite mich zur vollkommen vollendeten Buddhaschaft!‹

Da du mit diesen Worten hingebungsvoll und mit Verehrung gebetet hast, gehst du ein in die Aureole um das Herz des göttlichen Vaters, des Erhabenen Amitābha, und der göttlichen Mutter und wirst im Seligen Gefilde des Westens, das Glückselige genannt, zu einem Buddha im Zustand vollkommenen spirituellen Mitteilens.«

Es ist nicht möglich, daß man dadurch nicht befreit würde.

VISION DES AMOGHASIDDHI

Auch wenn man [den Toten] in dieser Weise zur Einsicht bringen wollte, so gibt es doch Lebewesen, die durch ihre latenten Neigungen und durch langandauernde Gewöhnung, sowie durch Neid und übles Karma, da sie die latenten Neigungen nicht aufgegeben haben, vor den Tönen und dem Licht Furcht und Schrecken empfinden. Weil sie aber durch den Rettungshaken des Lichtes des Mitleids nicht erfaßt wurden, müssen sie am fünften Tag des Zwischenzustands umherirren. Zu dieser Zeit kommen die göttlichen Scharen des Erhabenen Amoghasiddhi, denen die Lichtstrahlen des Mitleids anhaften, um [den Toten] zu empfangen. Aber auch der Lichtpfad der Asura, geboren aus der Verderbtheit des Neides, wird kommen, um ihn zu empfangen. Auch zu dieser Zeit gilt es, [den Toten] zur Einsicht zu bringen, also rufe man den Toten bei seinem Namen und spreche:

»Sohn der Edlen, höre ohne Zerstreuung zu! Am fünften Tage erscheint dir das grüne Licht als die sublimierte

Erscheinungsform des Elementes Luft. Zu dieser Zeit geht dir im grün-leuchtenden Seligen Gefilde des Nordens, Vollendung des Tuns[43] genannt, der Erhabene Amoghasiddhi samt seinem Gefolge auf. Er ist von grüner Körperfarbe, hält einen gekreuzten Doppelvajra in Händen, sitzt auf einem herrlichen Harpyen-Thron und umfängt die göttliche Mutter Samayatārā von Angesicht zu Angesicht. Er ist umgeben von den beiden [männlichen] Bodhisattvas Vajrapāṇi und Āvaraṇaniṣkambhin und den beiden weiblichen Bodhisattvas Gandhā und Nīrtimā, so daß aus der Licht-Sphäre und der Aureole das Wesen des Buddha sechsfach aufleuchtet. Die Urweisheit des vollendeten Wirkens[44], die als grünes Licht der geläuterten Konstituente der Gemütskräfte grün, strahlend, klar und leuchtend, funkelnd und furchterregend, geschmückt mit großen und kleinen Lichtkreisen, aus dem Herzen des göttlichen Vaters Amoghasiddhi und der göttlichen Mutter hervorbricht, trifft dich ins Herz. Und es ist deinem Auge kaum möglich, [dieses Licht] anzusehen. Davor fürchte dich nicht! Da dies die typische Kraft der Einsicht deiner ureigenen Geist-Natur ist, verharre in diesem erhabenen Zustand ohne Tun, in einem Gleichmut, der weder Begehren noch Zurückweisen, weder Nah noch Fern kennt! Zur selben Zeit wie die Lichtstrahlen der Urweisheit erscheint dir das rote Licht der Asura, das durch Neid bewirkt wurde und ohne Strahlen ist. Betrachte dabei Begehren und Haß in gleichmütiger Weise! Bist du jedoch von schwachem Gemüt, dann empfinde eben keine Freude darüber! Zu dieser Zeit wirst du, bedingt durch deinen starken Neid, durch dieses grüne Licht, das strahlend, glänzend ist, aufgeschreckt und du versuchst zu fliehen. Während du nach dem strahlenlosen, roten Licht der Asura verlangst und dich ihm zuneigst, sollst du zu dieser Zeit dich vor dem grünen Licht, dem strahlenden, funkelnden, klaren und durchsichtigen, nicht fürchten, sondern als die Urweisheit erkennen. Hierbei verharre gelassen in der Natur des Geistes, die ohne Tun ist und das [menschliche] Herz übersteigt.

Ferner bete voll Verehrung und Hingabe, indem du denkst: ›Dies ist doch das Licht des Mitleids des Erhabenen Amoghasiddhi! Zu ihm nehme ich Zuflucht!‹ Und weil eben dieses Licht des Mitleids, das vom Erhabenen Amoghasiddhi ausgeht, wie ein Rettungshaken ist, den man die Urweisheit des vollendeten Wirkens nennt, darum verehre es! Fliehe es nicht! Selbst wenn du es fliehst, wird es mit dir untrennbar verbunden sein! Fürchte dich nicht davor! Verlange nicht nach dem roten Licht der Asura, dem strahlenlosen! Dies ist der unselige Weg des durch Neid und Geiz angesammelten Karma. Wenn du danach verlangst, wirst du an den Ort der Asura geraten und kaum erträgliches Leid an Kampf und Streit erdulden müssen. Dies ist ein Hindernis, das dich vom Weg zur Befreiung trennt, deshalb verlange nicht danach. Gib diese Neigung auf, begehre [dieses Licht] nicht! Das grüne Licht, das klare, strahlende, verehre hingebungsvoll und sprich dieses Gebet, indem du dich vollständig auf den Erhabenen Amoghasiddhi, den göttlichen Vater, und die göttliche Mutter konzentrierst!

›Wehe! Da ich zur Zeit, getrieben durch starken Neid, in der Wandelwelt umherirren muß, bitte ich dich, Erhabener Amoghasiddhi, mich auf den lichten Pfad der Urweisheit des vollendeten Wirkens, auf den rechten Pfad zu führen! Die göttliche Mutter Samayatārā möge mir dabei von hinten beistehen! Ich bitte Dich, errette mich aus dem abgründigen Pfad des schrecklichen Zwischenzustands und geleite mich zur vollkommen vollendeten Buddhaschaft!‹

Da du mit diesen Worten hingebungsvoll mit Verehrung gebetet hast, gehst du ein in die Aureole um das Herz des Erhabenen Amoghasiddhi, des göttlichen Vaters, und der göttlichen Mutter. Und im Seligen Gefilde des Nordens, Vollendung des Tuns[45] genannt, wirst du zu einem Buddha im Zustand vollkommenen spirituellen Mitteilens.«

Da [der Tote] auf den vielen Stufen jeweils zur Einsicht gebracht wurde, ist es unmöglich, daß er nicht befreit würde, wie schwach auch die [positive] Ausstrahlung seines Karma sein mag, auch wenn er die Unterweisung einmal nicht begriffen hätte, da er sie doch ein andermal erkennt.

VISION DER FÜNF SPIRITUELLEN ORDNUNGEN[46]

Doch selbst wenn man mehrfach so zur Einsicht gebracht wurde, wird man, wenn man sich nämlich seit langem in großem Ausmaß von den Neigungen leiten ließ, durch eben diese üblen Neigungen zurückgeführt, und zwar sogar auch dann, wenn man kraft der früher nicht gekannten Schau der Urweisheit [die Zusammenhänge] erkannt hat. Während man von dem einem Rettungshaken [gleichenden] Lichtstrahl des Mitleids nicht erfaßt wurde, empfindet man Angst und Schrecken vor dem Licht und den Strahlen und irrt nun tiefer hinab. So treten nun aber am sechsten Tag die göttlichen Väter und Mütter der fünf spirituellen Ordnungen[47] zusammen mit ihrem Gefolge auf. Gleichzeitig damit erstrahlt auch das sechsfache Licht der sechs Daseinsbereiche.

Das Zur-Einsicht-Bringen: Den Toten rufe man bei seinem Namen und spreche:

»Sohn der Edlen, höre ohne Zerstreuung zu! Als dir bis gestern die jeweiligen Visionen der fünf spirituellen Ordnungen erschienen, ließest du dich – obwohl du von mir zur

Einsicht gebracht wurdest – durch deine Neigungen in Angst und Schrecken versetzen. Deshalb bist du bis jetzt hier geblieben! Hättest du vorher die Strahlungen, die der Urweisheit der fünf spirituellen Ordnungen eigen sind, als deinen eigenen Widerschein erkannt, so wärest du bereits eingegangen in die Lichtaureole einer der Personen der fünf spirituellen Ordnungen und zu einem Buddha im Zustand vollkommenen spirituellen Mitteilens geworden. Da du dies aber nicht erkannt hast, mußt du bis jetzt umherirren! Nun aber schau zu, ohne zerstreut zu sein! Jetzt sind die vollkommenen Erscheinungen der fünf spirituellen Ordnungen, verbunden mit Erscheinungen von dem, was man die vier Urweisheiten nennt, gekommen, um dich zu empfangen. Dies erkenne doch!

Sohn der Edlen, das Licht der vier sublimierten Elemente, das vierfarbig ist, geht dir nun auf. Zu dieser Zeit erscheint dir im Seligen Gefilde der Mitte, Ausbreitung des Lichtpunktes[48] genannt, der Erhabene Vairocana als göttlicher Vater-Mutter wie schon vorher. In dem Seligen Gefilde des Ostens, Hohes Glück[49] genannt, erscheint dir der Buddha Vajrasattva als göttlicher Vater-Mutter samt seinem Gefolge. In dem Seligen Gefilde des Südens, das Glanzvolle[50] genannt, erscheint dir der Buddha Ratnasambhava als göttlicher Vater-Mutter samt seinem Gefolge. In dem Seligen Gefilde des Westens, das Glückselige[51] genannt, erscheint dir der Buddha Amitābha als göttlicher Vater-Mutter samt seinem Gefolge. In dem Seligen Gefilde des Nordens, die Vollendung des Tuns[52] genannt, erscheint dir jetzt aus der Sphäre seiner Aureole heraus der Buddha Amoghasiddhi als göttlicher Vater-Mutter samt seinem Gefolge.

O Sohn der Edlen, außerhalb [des Kreises] der göttlichen Väter und Mütter der fünf spirituellen Ordnungen erscheinen dir nun die schrecklichen Torhüter: Vijaya (›Siegreicher‹), Yamāntaka (›Bezwinger Yamas‹), Hāyagrīva (›Pferdnackiger‹), Amṛtakuṇḍalī (Nektar-Wirbel) mit den weiblichen Torhütern: Aṅkuśā, Pāśī, Śṛṅkhalā, Ghaṇṭā und auch die sechs Seher, die Erhabenen: der Seher der Götter, der mächtige Indra; der Seher der Asura, Vemacitra; der Seher der Menschen, Śākyasiṃha; der Seher der Tiere, Dhruvasiṃha; der Seher der Hungergeister, Jvālamukha und der Seher der Höllenwesen, Dharmarāja. Auch der Samantabhadra und die Samantabhadrā, die Ahnen aller Buddhas, erscheinen dir zu göttlichen Paaren geeint.

Diese zweiundvierzig [Wesen], die göttlichen Scharen im Zustand des spirituellen Mitteilens, treten aus deinem Herzen hervor. Und da sie dir erscheinen, steigen sie dir als die wahre Schau deiner selbst auf! Deshalb erkenne sie als solche! O Sohn der Edlen, diese Seligen Gefilde existieren nicht an einem anderen Ort, sondern ausschließlich im Raum deines Herzens[53], und da sie dem Inneren deines Herzens entsteigen, erscheinen sie dir [gleich von dir unabhängigen Wesen]. Auch diese göttlichen Wesen kommen nicht von irgendwo anders her, sondern sind seit Ewigkeit das ureigene Wirken deiner eigenen Geist-Natur. Deshalb erkenne sie doch als so beschaffen!

Sohn der Edlen, diese göttlichen Wesen sind weder groß noch klein, sondern wohlproportioniert, sie haben ihren Schmuck, ihr Aussehen, Farbe, Sitzhaltung, Thron und ihre jeweiligen Handhaltungen. Diese göttlichen Wesen sind auch als jeweils fünf Paare geschmückt, und jedes der fünf ist mit einem Kranz fünffarbigen Lichtes umgeben. Die männlichen Bodhisattvas der einzelnen spirituellen Ordnungen sind Zeugen[54] des männlichen Aspektes, und die weiblichen Bodhisattvas der einzelnen spirituellen Ordnungen sind Zeugen des weiblichen Aspektes, und alle

Mandalas erscheinen in vollkommener Weise zur selben Zeit. So erkenne doch, daß dies die göttlichen Personen der *Yi-dams* sind.

Sohn der Edlen, aus den Herzen der göttlichen Väter und Mütter dieser fünf spirituellen Ordnungen leuchten die vier Urweisheiten als Lichtstrahlen von hohem Glanz auf, und als ob sie mit Fäden von Sonnenlicht verwoben wären, dringen sie einzeln in dein Herz ein. So wirst du als erstes die aus dem Herzen Vairocanas aufscheinende Urweisheit der Sphäre des Seins-an-sich[55] schauen, die, gleich einer Hülle von schrecklichem Licht, strahlend und klar auf alles, was mit deinem Herzen verbunden ist, niederscheint. In dieser Hülle von Glanz erscheinen weiße Lichtkreise und Strahlen, gleißend strahlend und leuchtend sind sie wie in einem umgedrehten Spiegel. Ferner sind sie geschmückt mit jeweils fünf Lichtkreisen, [die die wahre] Natur [des Seins enthüllen] und großen und kleinen Lichtkränzen, die jenseits aller Räumlichkeit[56] sind. Aus dem Herzen Vajrasattvas wird dir auf einer hellblau strahlenden Hülle, nämlich der spiegelgleichen Urweisheit[57], ein hellblauer Lichtkreis erscheinen, der gleich einer umgestürzten Türkisschale mit großen und kleinen Lichtkreisen geschmückt ist. – Aus dem Herzen Ratnasambhavas werden dir auf einer Hülle von gelbem Glanz, nämlich der Urweisheit von der Gleichheit [aller Phänomene][58], gelbe Lichtkreise, gleich einer umgestürzten goldenen Schale, die mit großen und kleinen Lichtkreisen versehen ist, erscheinen. – Aus dem Herzen Amitābhas werden dir auf einer Hülle von rotem Glanz, nämlich der Urweisheit der Unterscheidung[59], rote, strahlende Lichtkreise erscheinen, die einer umgedrehten Schale aus Korallen gleichen, denen die Durchsichtigkeit der Urweisheit eignet. Diese [Lichtkreise] werden mit jeweils fünf äußerst klaren, funkelnden Lichtkreisen und mit großen und kleinen Lichtkreisen, die jenseits aller Räumlichkeit sind, geschmückt sein.

Diese [Gesichte] werden auf alles, was mit deinem Herzen verbunden ist, herableuchten. Sohn der Edlen, dies alles erscheint dir aufgrund des typischen Vermögens deiner eigenen Geist-Natur, denn es gibt dafür keinen anderen Ursprung. Deshalb hänge weder mit Begehren daran, noch fürchte dich davor! Verweile vielmehr gelassen in einem Zustand jenseits aller Begrifflichkeit. In diesem Zustand werden alle göttlichen Personen und alles Licht und Strahlen in dich eingehen, und du wirst Buddha werden!

Sohn der Edlen, das grüne Licht der Urweisheit des vollendeten Wirkens[60] leuchtet dir noch nicht auf, da die Urweisheit deiner Geist-Natur[61] noch nicht vollkommen entfaltet ist.

Sohn der Edlen, dies nennt man das gemeinsame Auftreten der vier Urweisheiten, und es wird der Pfad, der zum verborgenen Inneren von Vajrasattva führt, genannt. Zu dieser Zeit vergegenwärtige dir die Unterweisungen, mit denen dein Lama dir früher zur Einsicht verhalf! Wenn du dir den Sinn dieser Einsicht vergegenwärtigst, dann wirst du den vorher dir aufgestiegenen Erscheinungen vertrauen. Wie wenn Mutter und Kind einander treffen oder wie man einen Freund wiedertrifft, so wirst du zur Einsicht gelangen, und du wirst es ohne Zweifel tun. Da du die Erscheinungen deiner selbst als solche begreifst, erkennst du den unwandelbaren Pfad zum vollkommenen, lauteren Sein-an-sich. Und durch dein Vertrauen erwächst dir eine beständige Versenkung, so daß deine Geist-Natur eingeht in die vollkommensten und erhabensten göttlichen Personen [die dir erschienen sind], und du wirst unwiderruflich zu einem Buddha im Zustand vollkommenen spirituellen Mitteilens.

Sohn der Edlen, zusammen mit dem Licht der Urweisheit werden jedoch die unreinen trügerischen Erscheinungen der Lichter der sechs Daseinsbereiche auftreten. Wie denn? Das weiße strahlenlose Licht der Götter, das rote strahlenlose Licht der Asura, das blaue strahlenlose Licht der Menschen, das grüne strahlenlose Licht der Tiere, das gelbe strahlenlose Licht der Hungergeister und das rauchfarbene strahlenlose Licht der Höllenwesen. Diese sechs Arten von Licht leuchten eben gleichzeitig mit dem reinen Licht der [vier] Urweisheiten. Was für ein Licht du auch wahrnehmen magst, trage kein Verlangen danach! Verharre gelassen in einem Zustand jenseits aller Wahrnehmungen! Wenn du jedoch vor dem Licht der reinen Urweisheit Angst und zu dem Licht der sechs unreinen Lebensbereiche Zuneigung empfindest, dann mußt du eine Verkörperung innerhalb dieser sechs Lebensbereiche annehmen, und du wirst wehklagen, weil die Zeit vertan ist, aus dem riesigen Ozean des Leidens, aus dieser Wandelwelt, dich zu befreien.

Sohn der Edlen, auch wenn du einer sein solltest, der durch die Unterweisung des Lama nicht zur Einsicht gelangte und vor dem Licht der vorher [wahrgenommenen] göttlichen Personen der reinen Urweisheit Angst und Schrecken empfand und der von dem Licht der unreinen Bereiche sich angezogen fühlt, so sollst du nun doch nicht so handeln, sondern den strahlenden, glänzenden Lichtern der reinen Urweisheit voll Verehrung und Hingabe dich zuwenden: ›Das Mitleid der Erhabenen der fünf spirituellen Ordnungen, der Tathāgatas, ist als dieses Licht gekommen, um mich mitleidsvoll zu leiten, zu ihm nehme ich Zuflucht!‹ Nach dem Licht der sechs trügerischen Bereiche des Lebens verlange nicht, begehre nicht danach, sondern sammle und konzentriere dich ganz auf die göttlichen Väter und Mütter der fünf spirituellen Ordnungen und sprich dieses Gebet:

›Wehe! Zur Zeit, da ich durch schreckliches Leid in der Wandelwelt umherirren muß, geleitet mich, Erhabene Buddhas der fünf Ordnungen, auf den rechten Weg, den Weg des hellen Lichtes, das verquickt ist mit den vier Urweisheiten! O Erhabene, göttliche Mütter der Fünf Ordnungen, steht mir von hinten bei! Ich flehe Euch an, rettet mich aus dem Lichtpfad der sechs unreinen Bereiche des Daseins! Führt mich aus dem schrecklichen, abgründigen Pfad des Zwischenzustands heraus und geleitet mich zu den fünf erhabenen Seligen Gefilden!‹«

Hat man so gebetet, dann werden die Besten die Natur ihrer eigenen Erscheinungen erkennen und – in Nicht-Zweiheit sich auflösend – Buddha werden. Auch die Mittelmäßigen werden, da sie durch ihre ehrfurchtsvolle Hingabe sich selbst erkennen[62], die Befreiung erlangen. Doch selbst die Geringsten werden durch die läuternde Kraft dieses Gebetes ihren Eintritt in einen der sechs Daseinsbereiche verhindern, und da sie den Sinn der vier untereinander verbundenen Urweisheiten erkannt haben, werden sie auf dem Weg zum verborgenen Inneren von Vajrasattva zum Buddha werden. Werden die Lebewesen klar und im einzelnen so zur Einsicht gebracht, dann werden die meisten diese auch erlangen, und viele werden die Befreiung finden.

VISION DER WISSENSBEWAHRENDEN MÄCHTE

Jedoch in dem allergeringsten von Menschen bewohnten Land können einige, die verblendet sind, da sie seit alters her keine Neigung zur Religion (Buddha-Lehre) haben oder da sie ihre religiösen Gelübde nicht beobachteten, durch die Täuschungen ihres Karma doch nicht zur Einsicht kommen, obwohl sie dazu angeleitet wurden. So müssen sie hinab irren. Am siebenten Tag kommen nun die göttlichen Scharen der Wissensbewahrer[63] aus dem Seligen Gefilde ›Reiner Himmelswandel‹[64] hervor, um [den Toten] zu empfangen. Zugleich aber kommt auch der Lichtpfad der Tiere, ihn zu empfangen, der bewirkt wurde durch die verblendete Unwissenheit seiner Taten.

Die Anleitung zur Einsicht für diese Zeit: Man rufe den Toten bei seinem Namen und spreche:

»Sohn der Edlen, höre ohne Zerstreuung zu! Am siebenten Tag wird im Bereich deiner latenten Neigungen ein klares vielfarbiges Licht erscheinen. Zu dieser Zeit kommen die göttlichen Scharen der Bewahrer des Wissens aus dem Seligen Gefilde ›Reiner Himmelswandel‹, um dich zu empfangen. In der Mitte eines Mandala, das von einer Regenbogen-Aureole umhüllt ist, erscheint dir der unübertreffliche Pemagargjiwangtschuk[65] als völlig gereifter Wissensbewahrer. Sein Körper strahlt in den fünf Farben, und als göttliche Mutter hält er eine rote Ḍākinī umfangen. Tanzend hält er ein Sichelmesser und eine Schädelschale voll Blut und sendet einen Bannblick zum Himmel. Im Osten dieses Mandalas erscheint dir ein Wissensbewahrer, Salanäpa[66] (der ›Auf der Erde Weilende‹) genannt. Sein Körper ist von weißer Farbe, und lächelnd hält er eine weiße Ḍākinī als göttliche Mutter umfangen. Tanzend hält er ein Sichelmesser und eine Schädelschale voll Blut und sendet einen Bannblick zum Himmel. Im Süden dieses Mandalas erscheint dir ein Wissensbewahrer, der Zelawangpa[67] (der ›Lebensmächtige‹) genannt wird. Sein Körper ist von gelber Farbe und schöner Wohlgestalt. Als göttliche Mutter hält er eine gelbe Ḍākinī umfangen. Tanzend hält er ein Sichelmesser und eine Schädelschale voll Blut und sendet einen Bannblick zum Himmel. Im Westen dieses Mandalas erscheint ein Wissensbewahrer, Tschagjatschenpo[68] genannt. Er ist von roter Körperfarbe und lächelt. Als göttliche Mutter hält er eine rote Ḍākinī umfangen. Tanzend hält er ein Sichelmesser und eine Schädelschale voll Blut, und zum Himmel sendet er einen Bannblick. Im Norden dieses Mandalas erscheint ein Wissensbewahrer, Lhunggidupa[69] genannt. Er ist von grüner Körperfarbe und zeigt ein grimmiges Lächeln. Als göttliche Mutter hält er eine grüne Ḍākinī umfangen. Tanzend hält er ein Sichelmesser und eine Schädelschale voll Blut, und gen Himmel sendet er einen Bannblick. Außerhalb des Kreises dieser Wissensbewahrer sind unzählige Scharen von Ḍākinīs, wie die Ḍākinīs der acht großen Leichenstätten, die Ḍākinīs der vier spirituellen Ordnungen, die Ḍākinīs der Dreiwelt, der zehn Himmelsrichtungen, der vierundzwanzig Pilgerorte, Heroen und Heroinnen, Krieger, Schützer der Buddha-Lehre samt ihren Wächtern. Sie alle tragen den sechsfachen Knochenschmuck und [führen] unzählige Musikinstrumente mit sich, wie Trommeln, Schenkelknochen-Trompeten, Trommeln aus Schädelknochen, Banner aus Menschenhaut[70], Baldachine aus Menschenhaut, Bänder aus Menschenhaut, und Rauch von angesengtem Menschenfleisch [umgibt sie]. Damit füllen sie alle Bereiche des Universums aus, so daß es nach und nach ins Wanken und Beben gerät. Das Dröhnen dieser Musik ist so mächtig, daß einem schier der Kopf zerspringt. Auf verschiedene Art tanzend kommen [diese Scharen] herbei, die zu empfangen, die ihre Gelübde halten, und jene zu bestrafen, die diese verletzten.

O Sohn der Edlen, aus dem Bereich deiner üblen Neigungen wird dir die Urweisheit gemeinsamen Entstehens[71] als ein fünffarbiges Licht, das ganz scheckig ist, wie aus bunten Fäden gewoben, blitzend und flackernd, klar und durchsichtig, strahlend und schrecklich aus den Herzen der fünf

Hauptpersonen der Wissensbewahrer entgegenleuchten und dein Herz treffen, so daß es für deine Augen fast unerträglich sein wird. Gleichzeitig mit diesem Licht der Urweisheit wird dir das grüne, strahlenlose Licht der Tiere erscheinen.

Zu dieser Zeit wirst du kraft der Täuschungen deiner Neigungen vor dem fünffarbigen, strahlenden Licht Angst empfinden und es zu fliehen suchen, wogegen du zu dem strahlenlosen Licht der Tiere dich hingezogen fühlen wirst. Deshalb darfst du dich zu dieser Zeit nicht vor dem fünffarbigen, strahlenden und glänzenden Licht fürchten, darfst keine Angst haben, sondern mußt es als die Urweisheit erkennen. Aus dem Inneren des Lichtes ertönt der ureigene Laut der Wahrheit[72] gleich tausendfachem Donnerhall. Mit gewaltigem Getöse donnert und heult es, hallt es wider von Kampfeslärm und dem machtvollen Schall gewaltiger Mantras. Davor habe keine Furcht! Fliehe nicht, habe keine Angst! Erkenne es als die ureigene Erscheinung deiner selbst, als das Vermögen deiner Geist-Natur! Zu dem grünen, strahlenlosen Licht der Tiere fühle dich nicht hingezogen, trage kein Verlangen danach! Solltest du jedoch davon angezogen werden, so fällst du in das Reich der unwissenden Tiere, und du wirst unendliches Leid durch Stumpfsinn, Dummheit und weil du [von Menschen] gesotten wirst, erfahren müssen. Und da es keine Möglichkeit gibt, hieraus zu entkommen, lasse dich davon nicht anziehen! Konzentriere dich vielmehr vollständig auf die göttlichen Scharen der Erhabenen Wissensbewahrer, auf die Meister, und verehre dieses fünffarbige, strahlende, funkelnde Licht und denke:

›Da doch die göttlichen Scharen der Wissensbewahrer, der Heroen und Dākinī gekommen sind, mich in das Gefilde reinen, himmlischen Wandels zu geleiten, wendet eure Aufmerksamkeit jenen Lebewesen zu, die wie ich kein Verdienst gesammelt haben. Trotz des allzumal ausstrahlenden Lichtes des Mitleids aller Tathāgatas und Buddhas der fünf spirituellen Ordnungen und aller drei Zeiten wurden diese elenden, gleich mir, nicht davon erfaßt. Ihr göttlichen Scharen der Wissensbewahrer, laßt mich von hier an nicht noch weiter hinabsteigen, sondern ergreift mich mit eurem Mitleid gleich wie mit einem Haken! Ich bitte euch, mich nur eilends in das Gefilde reinen, himmlischen Wandels zu geleiten!‹

Gesammelten Sinnes konzentriere dich und sprich dieses Gebet:

›O ihr göttlichen Scharen der Wissensbewahrer, gedenket doch meiner und leitet mich liebevoll auf den [rechten] Pfad! Zur Zeit, da ich durch starke üble Neigungen in der Wandelwelt umherirre, geleitet mich, ihr Heroen und Wissensbewahrer, auf den lichten und klaren Pfad der Urweisheit gemeinsamen Entstehens, auf den [rechten] Pfad. Die göttlichen Mütter, die Ḍākinīs, mögen mir von hinten beistehen! Errettet mich aus dem abgründigen Pfad des schrecklichen Zwischenzustands und geleitet mich in das Gefilde reinen himmlischen Wandels!‹«

Hat man so mit Verehrung und Hingabe gebetet, verschmilzt man mit der Aureole, die aus dem Herzen der göttlichen Scharen der Wissensbewahrer hervortritt, und ohne Zweifel wird man im Gefilde himmlischen Wandels wiedergeboren. So sie dies erkennen, werden auch alle Arten von Gesches[73] daraufhin sofort befreit, sogar diejenigen von ihnen, die üble Neigungen haben, werden gewiß befreit werden.

Bis hierher reicht die Anleitung der *Großen Befreiung durch Hören*[74], um das Urlicht im Zwischenzustand des

Todes[75], und um den friedvollen Zwischenzustand des Wahren Seins[76] zu erkennen.

4. Visionen der schreckenerregenden Mächte

Kommentar:

Der Zustand des Wahren Seins und des Seins-an-sich hat ebenso wie alle anderen vergänglichen und unvergänglichen Phänomene der diesseitigen wie auch der jenseitigen Welt teil an jenem nicht näher zu beschreibenden Mangel an Seinssubstanz. Diese Seinssubstanz wird in der buddhistischen Literatur als *ātman*, *bdag*, »Ego« bezeichnet und meint den hinduistischen Begriff des Atman als eine unzerstörbare Substanz, die aus sich selbst besteht und in jedem Wesen präsent ist. Die Behauptung, daß eine solche Seinssubstanz besteht, ist – nach den buddhistischen Gelehrten – nicht beweisbar. Dieses Fehlen einer Seinssubstanz, eines Atman nennt die buddhistische Literatur Leere (śūnyatā, tib. *stong-pa-nyid*). Diese Leere, das Fehlen an Seinssubstanz, zu erleben, zu erfahren, am eigenen Leib zu verspüren, ist Ziel und Aufgabe der buddhistischen Mystik. In der Verbalisierung ist das Fehlen an Seinssubstanz eigentlich nur negativ zu umschreiben, in dem alles umstürzenden mystischen Erleben zeigt sie sich jedoch als Fülle, als allesdurchdringendes Licht. Dieses ist von solch unerhörter Intensität, daß es für den gewöhnlichen Menschen unerträglich ist. Auch wenn sich die Buddhas in diesem gleißenden Licht offenbaren, können die meisten sie nicht erkennen, da der Glanz sie so sehr blendet. Das Wahre Sein, das Licht, das sich zuerst dem Toten offenbart, ist nicht für jedermann als die Pentade der Buddhas erkennbar, die meisten werden das Licht nicht zu deuten wissen, vor seinem Glanz nur Angst und Schrecken empfinden und es fliehen wollen.

Mit den nun aufsteigenden Visionen wird die Offenbarung des Seins sowohl schrecklicher, näher der gewohnten Erfahrung des Menschen, wie auch seinem eigentlichen Wesen weiter entrückt. Das Sein, das in seinem gleißenden Licht nicht erkannt werden konnte, teilt sich nun als existentiell erlebte Angst mit. Die Angst wird durch verschiedene schreckenerregende Gestalten hervorgerufen. In Parallele zu den fünf Buddhas steigen nun die fünf Herukas auf. Diese sind nicht neue Wesenheiten, sondern nur eine andere Art der Offenbarung derselben Mächte, die in den lichterfüllten Buddhas sich kundtaten. Die Herukas tragen daher die gleichen Embleme wie die fünf Buddhas, obwohl ihr Aussehen die Sinne des Toten zum Erstarren bringt, so entsetzlich sind sie anzusehen. So wie der Kreis der fünf Buddhas von den Wissensbewahrenden Mächten umgeben und beschützt wurde, so werden auch die Herukas von weiteren Wesen umgeben, die sie an Schrecklichkeit gar noch überbieten, wenn dies möglich ist. Unter diesen Wesen ragen die acht Ma-mo hervor. Betrachtet man diese Gruppe von Gottheiten religionshistorisch im Zusammenhang mit der tibetischen Volksreligion, dann sind sie erdgebundene Geister, die der prä-buddhistischen bäuerlichen Schicht der tibetischen Kultur zuzuordnen sind (E. Neumaier: *Mātaraḥ und Ma-mo, Studien zur Mythologie des Lamaismus*. München 1966, S. 19 ff.). Im Rahmen des esoterischen Buddhismus in Tibet erhielten sie jedoch eine Bedeutung, die der anderer weiblicher Gottheiten nicht unähnlich ist. In der Gefolgschaft von Che-mchog Heruka bezeichnen sie die acht Arten von Bewußtsein, nämlich die im Buddhismus üblichen sechs Sinnesbewußtsein (die fünf westlichen Sinne und das Denkbewußtsein) sowie ein individuelles Geist-Bewußtsein (*manovijñāna*) und ein überindividuelles Geist-Prinzip, das die tibetischen Texte »universale Grundlage« (*kun-gzhi*) nennen. Der im Westen besser bekannte Begriff des »Schatzkammer-Bewußtseins« (ālaya-*vijñāna*) zielt wohl in die gleiche Richtung, ist aber nicht identisch damit. Ein tibetischer Kommentar zu einem Tantra, das Che-mchog Heruka in den Mittelpunkt seiner Betrachtung stellt, erklärt eindeutig, daß in diesem Zusammenhang die acht Ma-mo keine Geister sind, sondern Personifikationen bestimmter Aspekte des Bewußtseins (vgl. E. Neumaier: *Das rang-byung rang-shar ein rDzogs-chen Tantra*. ZDMG 1970, S. 156).

Liest man die nachfolgenden Kapitel des *Bardo-thödol* und läßt sie auf sich wirken, dann ist man erstaunt über den totalen Umsturz in der Art der Offenbarung der Leere. Zuerst das gleißende, allesdurchdringende Licht und dann das Grauen, das das Blut gerinnen lassen kann. Immer schon wurde das Göttliche, das in vielen Religionen jenen Platz einnimmt, der im Buddhismus der Leere zukommt, auch als das ganz Andere gesehen (R. Otto: *Das Ganz-andere in außerchristlicher und christlicher Theologie.* In: Das Gefühl des Überweltlichen, 1932, S. 212 ff.). Die unio mystica wurde stets als ein Ereignis beschrieben, das neben unsagbaren Wonnen ein existentielles Betroffensein auslöst, das den Menschen so tief erschüttert, daß er in Angst und Schrecken gerät, als ob sein Dasein ausgelöscht werden sollte ob der Gewalt des Seins. So konkret die Herukas und ihre Begleiter geschildert werden mögen, stets muß man sich vergegenwärtigen, daß sie nur Symbole sind, Schaubilder, die ein an sich unaussprechbares Urerlebnis formulieren wollen.

Gegen Ende spricht das *Bardo-thödol* davon, daß durch die Angst der Tote besonders aufmerksam sei. Dies scheint fürs erste widersprüchlich zu sein, aber wer hat nicht schon erlebt, welch ungeahnte Kräfte in höchster Angst und Bedrängnis einem erwachsen? Der Tote erlebt im Zwischenzustand eine Wiederholung der Weltenwerdung: Erst ergießt sich das Sein als Licht, zeigt dann seine Schrecklichkeit, und schließlich treibt Angst und Kleinmut den Toten in einen Schlupfwinkel, den Mutterschoß. Erkennt daher der Tote nicht die wahre Natur der Erscheinungen, dann gerät er immer tiefer in die Wirbel der Emanationen der Leere, wobei die Bilder immer menschlicher werden, und damit das Schicksal der Wiedergeburt unausweichlich.

EINLEITUNG

Nun soll die Art und Weise dargelegt werden, wie der schreckliche Zwischenzustand erscheint. Ferner gibt es wie vorher im friedvollen Zwischenzustand sieben Abstufungen des abgründigen Pfades. Bei diesen wird der Reihe nach [dem Toten] zur Einsicht verholfen. Wenn er deshalb auch eine Stufe nicht erkennt, so kann er doch die Befreiung erlangen, wenn er auf der nachfolgenden Stufe zur Einsicht gelangt; das ist für ihn sehr nützlich. Obgleich auf diese Weise viele Möglichkeiten zur Befreiung bestehen, so gibt es doch zahllose Lebewesen, die durch schlechtes Karma in großer Menge, zahlreiche moralische Befleckungen, langwirkende latente Neigungen und das mechanisch sich fortsetzende Unwissen aufgerieben werden. Obwohl sie [ihre üblen Neigungen] nicht weiter vermehren und obwohl sie im einzelnen zur Einsicht gebracht werden, werden sie doch nicht befreit, sondern wandern noch tiefer hinab.

Nachdem es vorüber ist, daß die Scharen der Friedvollen, der Wissensbewahrer und der Ḍākinīs ihn empfangen wollten, werden nun flammengleich die Scharen der bluttrinkenden, schrecklichen Götter, achtundfünfzig an der Zahl, erscheinen und zwar als die Verwandlungen der früheren Scharen friedvoller Götter. Doch nun ist [die Situation] nicht wie vorhin, denn da dies eben der Zwischenzustand der Schreckensgottheiten ist, wird [der Tote] von Furcht, Angst und Schrecken überwältigt. Daher wird es schwierig sein, [die Wahrheit] zu erkennen. Da der Geist seiner selbst nicht mehr mächtig ist, versinkt er in Ohnmacht und Schwindelzustände. Wenn er jedoch nur ein wenig zur Einsicht gelangt, kann er leicht die Befreiung erlangen.

Wieso denn? Weil der Geist keine Möglichkeit zur Zerstreuung hat, während [der Tote] Schrecken, Angst und Furcht erfährt, sondern er vielmehr voll gesammelt und konzentriert ist. Wenn man in dieser Situation die [früher gehörten] Unterweisungen sich nicht vergegenwärtigt, so ist alles, was man je gehört hat, und sei es einem Ozean gleich, nutzlos. Selbst Äbte, die die Mönchsregeln[77] halten, und Lehrer der Philosophie werden in dieser Situation verwirrt und erkennen [die Wahrheit] nicht, sondern müssen wiederum in der Wandelwelt umherirren. Um wieviel mehr ergeht es erst den geringsten der Lebewesen so, denn da sie dem Schrecken, der Angst und Furcht zu entfliehen suchen, stürzen sie in den gähnenden Abgrund der üblen Daseinsbereiche und müssen leiden. Aber ein Yogi, der die tantrischen Lehren übt, auch wenn er einer der geringsten ist, wird, sobald er die göttlichen Scharen der Bluttrinker sieht, erkennen – gleich als ob er liebe Freunde träfe –, daß sie die göttlichen *Yi-dam* sind, und ihnen voll vertrauen. In Identität[78] mit ihnen geeint wird er Buddha. Hat man sich bereits in der Menschenwelt in die göttlichen Gestalten der Bluttrinker versenkt, ihnen Opferrituale (pujā) und Lobpreisungen dargebracht, oder hat man zumindest von ihnen Statuen, Malereien oder Steinreliefs gesehen, so wird man sie erkennen, sobald ihre Gestalten erscheinen, und die Befreiung erlangen. Derart ist das Wesentliche [der folgenden Unterweisung].

Wiederum werden die Äbte, die die Mönchsregeln halten, und die Lehrer der Philosophie, wie sehr sie sich auch in der Menschenwelt um die Übung des Dharma bemüht haben, und wie gelehrt sie auch in der Darlegung des Dharma gewesen sein mögen, doch im Tode keine wunderbaren Zeichen wie Reliquien, Reliquienkügelchen oder Aureolen hervorbringen. Denn sie hielten zu ihren Lebzeiten die tantrischen Lehren nicht im Geiste fest, sondern verachteten sie. Eben weil sie mit den tantrischen Götterscharen nicht vertraut sind, können sie diese auch nicht erkennen, wenn sie im Zwischenzustand erscheinen. Was man früher nicht schon einmal gesehen hat, das erachtet man als feindlich, wenn man es plötzlich sieht. Und weil deshalb in diesen Leuten eine ablehnende Haltung entsteht, gelangen sie in die üblen Daseinsbereiche. Aus diesem Grund bringen diejenigen, die auf das bloße Einhalten der Mönchsregeln bedacht sind, und solche wie die Philosophen, so gute Anhänger der Buddha-Lehre sie auch sein mögen, keine solchen Zeichen, wie Mumien, Reliquienkügelchen oder Aureolen usw. hervor, denn sie haben keine Übung in den tantrischen Lehren. Jedoch der geringste der Tantriker, wie grob auch zeitweise sein Benehmen gewesen sein mag, wie ungebildet er auch war, wie wenig sein Lebenswandel den Moralregeln auch entsprach, ja, selbst wenn er unfähig war, die tantrischen Lehren in die Praxis umzusetzen, so hat er doch keine falsche Ansicht und keinen Zweifel über die tantrischen Lehren, sondern verehrt sie. Allein deshalb wird er in dieser Situation die Befreiung erlangen. Auch wenn er in der Menschenwelt keinen entsprechenden Lebenswandel führte, so zeigt er doch im Sterben die verschiedenen Zeichen wie eine Mumie, Reliquienkügelchen, göttliche Gestalten und Aureolen etc. So erweist sich der Segen der tantrischen Lehren. Jedoch mittelmäßige und die sie übertreffenden Yogis der tantrischen Lehren, die über Entfaltung[79] und Vollendung[80] [der göttlichen Personen] meditierten, die das Hauptmantra rezitierten usw., d. h. die [die tantrischen Lehren] praktizierten, brauchen vom Zwischenzustand des Wahren Seins aus nicht mehr weiter hinabzuwandern. Denn sobald ihr Atem versiegt ist, werden die Wissensbewahrer, Heroen, Ḍākinī usw., sie in den Bereich des Reinen Himmlischen Wandels geleiten. Unter diesen Zeichen ist, daß der Himmel blank und rein wird, daß Regenbogen und Licht intensiv strahlen, daß Blumen herabregnen, Weihrauch duftet und aus dem Äther Musik erklingt, sowie daß [bei den Bestattungsfeierlichkeiten] Licht, Mumien, Reliquienkügelchen und göttliche Gestalten erscheinen. Dies sind die Zeichen! Aus diesem Grunde sind die, die sich bloß an die Mönchsregeln halten, die Lehrer der Philosophie und die Tantriker, die ihre Gelübde nicht bewahrten, sowie auch alle geringen Lebewesen ohne die *Große Befreiung durch Hören*[81] ohne jedes Hilfsmittel. Die Mystiker jedoch, die über die Große Vollendung[82] und das Große Siegel[83] usw. meditierten, erkennen wahrlich das Urlicht im Zwischenzustand des Todes, so daß sie den Zustand des Wahren Seins erlangen und des Vorlesens der *Großen Befreiung durch Hören* nicht bedürfen.

Ferner: Wenn man im Zwischenzustand des Todes das Urlicht wahrlich erkennt, dann erlangt man den Zustand des Wahren Seins. Erkennt man im Zwischenzustand des Wahren Seins[84] [die Wahrheit], zur Zeit, da die friedvollen und schrecklichen Erscheinungen auftreten, erreicht man den Zustand vollkommenen spirituellen Mitteilens. Erkennt man im Zwischenzustand des Werdens[85] [die Wahrheit], erlangt man den Zustand des Wirkenden Seins[86], und man wird in paradiesischen Umständen wiedergeboren, wo sie dieser Lehre wiederbegegnen werden. Und da die günstigen Folgen des Karma im nächsten Leben eintreten, deshalb ist diese Befreiung durch Hören eine Lehre, die ohne Meditation zur Erleuchtung führt, eine Lehre, die durch bloßes Hören zur Befreiung führt, eine Lehre, die den Verblendeten auf den mystischen Weg führt, eine Lehre, die in einem einzigen Augenblick zur Einsicht verhilft. Sie ist eine so tiefsinnige Lehre, daß sie in einem einzigen Augenblick zur vollkommenen Erleuchtung führt. Es ist unmöglich, daß Lebewesen, die mit [dieser Lehre] vertraut sind, in üble Lebensbereiche gelangen. Da [der Lama] diese Befreiung durch Hören und [den Text] *die Befreiung durch das Anbringen [von Amuletten]*[87] liest, so gleicht dies einem goldenen Mandala[88], das mit Türkisen verziert ist. Deshalb soll man [beide Anweisungen] lesen:

Da nun auf diese Weise gezeigt wurde, wie dringend nötig die Befreiung durch Hören ist, soll man nun [dem Toten] zur Einsicht verhelfen, wie der Zwischenzustand der schrecklichen [Gottheiten][89] aufsteigt. Wiederum rufe man den Toten dreimal bei seinem Namen und spreche:

VISION DES BUDDHA-HERUKA

»Sohn der Edlen, höre ohne Zerstreuung zu! Da du nicht zur Einsicht gelangtest, als vorher dir der friedvolle Zwischenzustand aufstieg, mußtest du nun bis hierher wandern. Nun werden dir am achten Tag die göttlichen Scharen der schrecklichen Bluttrinker aufsteigen. Sei nicht zerstreut, sondern erkenne sie doch in Wahrheit!

Sohn der Edlen, dir wird nun erscheinen, was als der Glanzvolle Buddha-Heruka bekannt ist. Er ist von dunkelbrauner Körperfarbe, hat drei Häupter, sechs Arme und vier Beine. Das rechte Antlitz ist weiß, das linke rot und das mittlere dunkelbraun. Sein Leib strahlt als eine Masse von Licht. Seine neun Augen schauen mit einem furchterregenden Blick in deine Augen; seine Augenbrauen zucken wie Blitze; seine Eckzähne blitzen wie Kupfer. ›A-la-la‹ und ›ha-ha‹ dröhnt sein lautes Gelächter. Ein zischendes Geräusch, wie ›sha-u‹ gibt er von sich. Sein gelb-rotes Haupthaar sträubt sich empor wie Flammen. Sonne und Mond sowie Totenschädel krönen seine Häupter. Schwarze Schlangen und frische Schädel zieren seinen Leib. Von seinen sechs Armen hält die rechte erste Hand ein Rad, die mittlere eine Streitaxt, die letzte ein Schwert, und von den linken Armen hält die erste Hand eine Glocke, die mittlere eine Schale[90] und die letzte eine Pflugschar. Die göttliche Mutter Buddha-Krodheśvarī umschlingt den Leib des göttlichen Vaters, und ihre Rechte umarmt den Nacken des göttlichen Vaters, wogegen ihre Linke eine Schädelschale voll Blut seinem Munde darreicht. Er stößt kehlige Laute aus, grelle Schreie und gleich Donner grollende Töne. Seine Körperhaare, eigentlich lodernde Vajras, sind gesträubt, und Flammen der Urweisheit umzucken ihn. Auf einem von Garuḍa gestützten Thron steht er mit einem gestreckten und einem abgewinkelten [Beinpaar]. Aus der Mitte deines eigenen Hirns entsteigt [dieser Buddha-Heruka] und erscheint vor dir in eben dieser Art. Fürchte ihn nicht, habe keine Angst vor ihm! Erkenne in ihm doch das Wesen deiner Geist-Natur! Da er dein göttlicher *Yi-dam* ist, fürchte ihn nicht! Da [dieser Buddha-Heruka] in Wahrheit der Erhabene Vairocana, als göttliches Paar, ist, habe keine Angst! Wenn du dies wahrlich erkennst, wirst du im selben Augenblick befreit!«

VISION DES VAJRA-HERUKA

Da dies ausgesprochen wird, wird der Tote die Erscheinung als seinen göttlichen *Yi-dam* erkennen und mit ihm einswerden. Damit wird er zum Seinszustand vollkommenen, spirituellen Mitteilens erwachen. Erhebt sich in ihm jedoch Abscheu und Angst und trachtet er zu fliehen, dann wird er [die Wahrheit] nicht erkennen, und so kommen am neunten Tag die bluttrinkenden Gottheiten der Vajra-Ordnung, um ihn zu empfangen. Deshalb gilt es, ihm zur Einsicht zu verhelfen: Man rufe den Toten bei seinem Namen und spreche:

»Sohn der Edlen, höre ohne Zerstreuung zu! Am neunten Tag erscheint dir der, den man den Erhabenen Vajra-Heruka aus der Vajra-Ordnung der bluttrinkenden Götter nennt. Er ist von blauschwarzer Körperfarbe, hat drei Häupter, sechs Arme und vier gespreizte Beine. Das rechte Haupt ist weiß, das linke rot, das mittlere bläulich. In der ersten der rechten Hände hält er einen Vajra, in der mittleren eine Schale und in der letzten eine Streitaxt. In der ersten der linken Hände hält er eine Glocke, in der mittleren eine Schale, und in der letzten eine Pflugschar. Die göttliche Mutter Vajra-Krodheśvarī umfaßt den Leib des göttlichen Vaters, ihre Rechte umschlingt seinen Hals, während ihre Linke seinem Munde eine Schädelschale voll Blut darreicht. Diese [Erscheinung] tritt aus dem östlichen Teil deines Gehirns hervor, so daß sie dir vor Augen steht. Habe keine Angst davor, fürchte dich nicht, wehre ihr nicht! Erkenne doch in ihr das Wesen deiner Geist-Natur! Da dies doch dein göttlicher *Yi-dam* ist, fürchte ihn nicht! In Wahrheit ist es doch der Erhabene Vajrasattva, als Paar zusammen mit der göttlichen Mutter, deshalb verehre sie mit Inbrunst! Wenn du sie wahrlich erkennst, wirst du gleichzeitig die Befreiung erlangen!«

Aufgrund dieser Worte wird der Tote die Erscheinungen als seinen göttlichen *Yi-dam* erkennen und mit ihm in eins verschmelzen. Damit wird er zu einem Buddha im Zustand vollkommenen, spirituellen Mitteilens.

VISION DES RATNA-HERUKA

Erwächst in ihm jedoch wiederum Ablehnung und Angst aufgrund der großen Verblendung seines Karmas und sucht er zu fliehen, dann gelangt er nicht zur Einsicht. Wiederum kommen die bluttrinkenden Götter der Ratna-Ordnung am zehnten Tage herbei, um ihn zu empfangen. Deshalb gilt es wiederum, ihm zur Einsicht zu verhelfen. Man rufe den Toten bei seinem Namen und spreche:

»Sohn der Edlen, höre ohne Zerstreuung zu! Am zehnten Tag erscheint dir der, den man den Erhabenen Ratna-Heruka aus der Ratna-Ordnung der bluttrinkenden Gottheiten nennt. Seine Körperfarbe ist dunkelgelb. Er hat drei Häupter, sechs Arme und vier gespreizte Beine. Das rechte [Haupt] ist weiß, das linke rot, das mittlere dunkelgelb flammend. Von seinen sechs Händen hält die erste Rechte ein Juwel, die mittlere einen Khaṭvāṅga[91], die letzte eine Keule; die erste der Linken hält eine Glocke, die mittlere eine Schale und die letzte einen Dreizack. Die göttliche Mutter Ratna-Krodheśvarī umfaßt den Leib des göttlichen Vaters, und ihre Rechte umschlingt seinen Nacken, während ihre Linke seinem Mund eine Schädelschale voll Blut darbietet. Diese [Erscheinung] steigt aus dem südlichen Teil deines eigenen Gehirns auf, deshalb fürchte sie nicht, habe keine Angst davor, wehre dich ihrer nicht! Erkenne doch, daß in ihr das Wesen deiner Geist-Natur ist! Da es doch dein göttlicher *Yi-dam* ist, fürchte ihn nicht! Da es doch in Wahrheit der Erhabene Ratnasambhava ist, mit der göttlichen Mutter zum Paar geeint, verehre sie voll Inbrunst! Erkennst du dies wahrlich, dann erlangst du zur gleichen Zeit die Befreiung!«

Da dies gesprochen wird, wird der Tote die Erscheinung als seinen göttlichen *Yi-dam* erkennen, in eins mit ihm verschmelzen und ein Buddha werden.

VISION DES PADMA-HERUKA

Wenn er jedoch wegen seiner üblen Neigungen weiter fortgerissen wird, obwohl ihm zur Einsicht verholfen wurde, und in ihm Ablehnung und Angst entstehen, so daß er [die Erscheinungen] fliehen will, dann kann er sie nicht als seinen göttlichen *Yi-dam* erkennen. Und wenn er den Todesgott Yama erblickt, kann er ihn nicht erkennen. So erscheinen denn auch am elften Tag die bluttrinkenden Gottheiten der Padma-Ordnung, um ihn zu empfangen. Deshalb soll man ihm wiederum zur Einsicht verhelfen: Man rufe den Toten bei seinem Namen und spreche:

»Sohn der Edlen, höre ohne Zerstreuung zu! Am elften Tag erscheint dir der, den man den Erhabenen Padma-Heruka aus der Padma-Ordnung der bluttrinkenden Gottheiten nennt. Er ist von dunkelroter Körperfarbe, hat drei Häupter, sechs Arme und vier gespreizte Beine. Das rechte Haupt ist weiß, das linke blau, das mittlere dunkelrot. Von den sechs Händen hält die erste der Rechten einen Lotos, die mittlere einen Khaṭvāṇga, die letzte einen Stock, die erste der Linken eine Glocke, die mittlere eine Schale voll Blut, die letzte eine kleine Trommel. Die göttliche Mutter Padma-Krodheśvarī umfaßt seinen Leib, und während ihre Rechte seinen Hals umschlingt, reicht ihre Linke seinem Mund eine Muschelschale mit Blut dar. Der göttliche Vater, von Angesicht zu Angesicht mit der göttlichen Mutter vereint, tritt aus dem westlichen Bereich deines eigenen Gehirns hervor und erscheint dir so. Deshalb fürchte dich nicht davor, habe keine Angst, wehre ihm nicht, erinnere dich doch! Erkenne ihn doch als das Wesen deiner Geist-Natur! Da er doch dein göttlicher *Yi-dam* ist, habe keine Furcht vor ihm, habe keine Angst! In Wahrheit ist er der Erhabene Amitābha mit der göttlichen Mutter zum Paar vereint, verehre sie daher! Erkennst du dies wahrlich, dann erlangst du zur selben Zeit die Befreiung!« Bei diesen Worten wird [der Tote die Erscheinungen] als seinen göttlichen *Yi-dam* erkennen, mit ihm in eins verschmelzen und zu einem Buddha werden.

VISION DES KARMA-HERUKA

Wenn er jedoch, obgleich ihm zur Einsicht verholfen wurde, eben wegen seiner üblen Neigungen weiter fortgerissen wird und in ihm Haß und Angst erwachsen, so daß er [die Erscheinungen] zu fliehen sucht, dann kann er [sie] nicht als seinen göttlichen *Yi-dam* erkennen. Deshalb kommen am zwölften Tag die göttlichen Scharen der Bluttrinker aus der Karma-Ordnung, sowie die Gaurima, Taminma[92], Wangtschukma[93], um ihn zu empfangen. Und während er [ihre wahre Natur] nicht erkennt, steigt Furcht in ihm auf. Deshalb verhelfe man ihm zur Einsicht. Man rufe den Toten bei seinem Namen und spreche:

»Sohn der Edlen, höre ohne Zerstreuung zu! Zur Zeit, da nun der zwölfte Tag gekommen ist, erscheint dir nun der, den man den Karma-Heruka aus der Karma-Ordnung der bluttrinkenden Götter nennt. Er hat eine dunkelgrüne Körperfarbe, drei Häupter, sechs Arme, vier gespreizte Beine. Das rechte Haupt ist weiß, das linke rot, das mittlere dunkelgrün und von kampfgierigem Ausdruck. Von seinen sechs Händen hält die vorderste der Rechten ein Schwert, die mittlere einen Khaṭvāṇga, die hinterste einen Stock; die vorderste der Linken hält eine Glocke, die mittlere eine Schale, die hinterste eine Pflugschar. Die göttliche Mutter Karma-Krodheśvarī umfaßt den Leib des göttlichen Vaters, und während ihre Rechte seinen Hals umschlingt, bietet ihre Linke seinem Mund eine Muschelschale voll Blut dar. Von Angesicht zu Angesicht zum Paar vereint, treten sie unmittelbar aus dem nördlichen Teil deines Gehirns hervor und erscheinen dir. Davor habe keine Angst, fürchte dich nicht, wehre dich nicht! Erkenne doch, daß dies das Wesen deiner Geist-Natur ist. Da dies dein göttlicher *Yi-dam* ist, habe keine Furcht davor! Denn in Wahrheit sind [diese Erscheinungen] doch der Erhabene Amoghasiddhi zusammen mit der göttlichen Mutter als Paar vereint. Voll Verehrung und Inbrunst sehne dich danach! Das Erkennen und die Befreiung erfolgt sogleich!«

Da dies gesprochen wird, wird [der Tote die Erscheinungen] als seinen göttlichen *Yi-dam* erkennen, mit ihm in eins verschmelzen und Buddha werden. Wenn man aufgrund der Unterweisung durch den Lama [diese Erscheinungen] als das ureigene Vermögen der eigenen Geist-Natur erkannt hat, dann ist dies, wie wenn man beispielsweise [von der Furcht] beim Anblick eines ausgestopften Löwen befreit würde. Wenn man nicht bedenkt, wie dieser ausgestopfte Löwe in Wahrheit beschaffen ist, dann befallen einen Furcht und Schrecken. Bringt aber ein anderer Mensch ihn zur Einsicht, wie es sich denn nun [wirklich] verhält, dann ist er sehr erstaunt und fürchtet sich nicht mehr. Ähnlich ist es, wenn die göttlichen Scharen der Bluttrinker mit mächtigen Leibern, groben Gliedern, so daß sie schier Himmel und Erde erfüllen, erscheinen und man darob in Angst und Schrecken versetzt wird. Sobald [der Lama] einem zur Einsicht verholfen hat, erkennt man [diese Erscheinungen] als Erscheinungen der eigenen [Natur] oder als die göttlichen *Yi-dam* und identifiziert das früher in der Meditation geschaute Urlicht – vergleichbar einer Mutter – mit dem, einem Kinde vergleichbaren, später[94] erschienenen Urlicht, das in sich selbst besteht. Wie wenn ein Mensch einen alten Freund wiedertrifft, so wird man selbst befreit, wenn einem selbst [die Natur] dieses Selbst aufgeht: Dies ist die eigene Geist-Natur, das ureigene Licht, die ureigene Befreiung.

VISION DER ACHT MA-MO UND ANDERER WEIBLICHER GOTTHEITEN

Verhilft einem jedoch niemand zur Einsicht, dann muß man, auch wenn man klug ist, wiederum zurückweichen und in der Wandelwelt umherirren. Dann werden die acht schrecklichen Gaurī und Tamenma[95], deren Köpfe die verschiedensten Formen widerspiegeln, aus der Mitte des eigenen Gehirns hervor- und einem selbst entgegentreten. Deshalb nun die Hilfe zur Einsicht: Man rufe den Toten bei seinem Namen und spreche:

»Sohn der Edlen, höre ohne Zerstreuung zu! Aus dem Inneren deines Gehirns kommen die acht Gaurī Ma-mo hervor und treten als Erscheinungen dir gegenüber. Fürchte dich nicht vor ihnen. Aus dem östlichen Teil deines Gehirns tritt dir die weiße Gaurimā entgegen. In der Rechten hält sie eine getrocknete Leiche als Keule, in der Linken eine Schale voll Blut. Fürchte dich nicht! Aus dem südlichen Teil [deines Gehirns] erscheint die gelbe Gaurī, die einen Pfeil auf den Bogen eingelegt hält. Aus dem westlichen Teil erscheint die rote Tamo[96], die das Banner der Seeungeheuer trägt, und aus dem nördlichen Teil die schwarze Vetālī, die einen Vajra und eine mit Blut gefüllte Schale hält. Aus dem südöstlichen Teil erscheint die rot-gelbe Pukhasī, die in ihrer Rechten Gedärme hält und sie mit der Linken zum Munde führt. Aus dem südwestlichen Teil erscheint die dunkelgrüne Ghasmarī, die mit der Linken eine mit Blut gefüllte Schale zum Munde führt, während die Rechte darin mit einem Vajra umrührt. Aus dem nordwestlichen Teil erscheint die gelbliche Caṇḍālī, die einen Kopf vom Rumpf reißt, während sie mit der Rechten ein Herz hält und mit der Linken den Körper verschlingt. Aus dem nordöstlichen Teil erscheint die bläuliche Śmaśānī, die den Kopf einer Leiche vom Rumpf trennt und ihn verzehrt. Diese acht Gaurī [Ma-mo] der Himmelsrichtungen umkreisen die fünf göttlichen Väter der Bluttrinker und entspringen doch deinem eigenen Gehirn und treten dir selbst als Erscheinungen entgegen! Fürchte dich nicht davor!

Sohn der Edlen, höre ohne Zerstreuung zu! Aus dem äußeren Kreis [des Gehirns] werden danach die acht Tamenma der Örtlichkeit[97] hervorkommen und als Erscheinungen dir gegenübertreten. Aus dem Osten erscheint die dunkelblaue Siṃhamukhā, die löwenköpfige. Beide Arme kreuzt sie vor der Brust, und im Munde trägt sie eine Leiche, während sie ihre Mähne schüttelt. Aus dem Süden erscheint die rote Vyāghrīmukhā, die tigerköpfige mit abwärts gerichteten Armen, starrem Blick und gebleckten Zähnen. Aus dem Westen erscheint die schwarze Śṛṅgālamukhā, die fuchsköpfige, in der Rechten ein Rasiermesser haltend und in der Linken Gedärme, die sie verschlingt, und dabei leckt sie Blut auf. Aus dem Norden erscheint die dunkelblaue Śvānamukhā, die wolfsköpfige, mit beiden Händen hält sie eine Leiche im Mund und schaut starren Blicks darauf. Aus dem Südosten erscheint die weiß-gelbe Gṛdhramukhā, die geierköpfige. Über der Schulter trägt sie eine Leiche, und in der Hand hält sie ein Skelett. Aus dem Südwesten erscheint die dunkelrote Kaṅkamukhā, mit dem Kopf eines Milan, eine Leiche auf der Schulter tragend. Aus dem Nordwesten erscheint die schwarze Kākamukhā, die rabenköpfige. In der Linken hält sie eine Schädelschale, und in der Rechten schwingt sie ein Schwert, während sie Herz und Lunge verzehrt. Aus dem Nordosten erscheint die dunkelblaue Ūlumukhā, die eulenköpfige, in der Rechten einen Vajra haltend, in der Linken ein Schwert schwingend, während sie Fleisch verzehrt. Auch diese acht Tamenma der Örtlichkeit, die die fünf göttlichen Väter der Bluttrinker umkreisen, entspringen dem Inneren deines Gehirns und treten als Erscheinungen dir gegenüber. Fürchte dich nicht davor! Was immer dir auch erscheint, erkenne es doch als die Kraft deiner Geist-Natur, als die Erscheinung deiner selbst!

Sohn der Edlen, wenn nun die vier Torhüterinnen aus

dem Inneren deines Gehirns hervortreten und dir als Erscheinung begegnen, dann erkenne doch [ihre Natur]! Aus dem östlichen Teil deines Gehirns tritt die weiße Aṅkuśā, die pferdeköpfige, die in der Linken eine Schale voll Blut hält, hervor und erscheint dir. Aus dem südlichen Teil deines Gehirns tritt die gelbe Pagdongma[98], die schweinsköpfige, hervor, die eine Schlinge hält; aus dem Westen die rote Sengdongma[99], die löwenköpfige, die eine Eisenkette hält; aus dem Norden die grüne Düldongma[100], die schlangenköpfige, die eine Glocke hält. So entspringen die vier Torhüterinnen deinem eigenen Gehirn und begegnen dir als Erscheinungen. Erkenne doch, daß sie die göttlichen *Yidam* sind!

Sohn der Edlen, als äußerer Kreis um die dreißig schrecklichen Heruka-Gottheiten treten die achtundzwanzig machtvollen Gottheiten aus dem Inneren deines Gehirns hervor. Sie haben verschiedenförmige Köpfe und halten verschiedene Waffen in Händen. So begegnen sie dir als Erscheinungen. Habe keine Angst davor, denn was auch immer dir erscheinen mag, du mußt es als das Vermögen deiner Geist-Natur, als die Erscheinung deiner selbst erkennen! Jetzt ist die Zeit gekommen, um das Wichtigste zu verhindern [nämlich den Eintritt in eine neue Geburt], deshalb vergegenwärtige dir die Unterweisung deines Lama!

Sohn der Edlen, aus dem Osten erscheint die dunkelblaue Rākṣasī mit einem Yak-Kopf, in der Hand einen Vajra haltend; und die rotgelbe Brahmī mit einem Schlangenkopf und einem Lotos in der Hand, die dunkelgrüne Mahādevī mit einem Leopardenkopf und einen Dreizack in der Hand; die blaue Vaiṣnavī mit einem Wieselkopf und einem Rad in der Hand; die rote Kumārī mit dem Kopf eines Schneebären und einer Lanze in der Hand; die weiße Indrānī mit einem Bärenkopf und einer Schlinge von Gedärmen in der Hand. So entspringen aus dem Inneren deines Gehirns die sechs Yoginī des Ostens und treten als Erscheinungen dir gegenüber. Habe keine Angst vor ihnen! Sohn der Edlen, aus dem Süden erscheint die gelbe Vajrī mit einem Schweinskopf und einem Rasiermesser in der Hand; die rote Śāntī mit dem Kopf eines Seeungeheuers und einer Flasche geweihten Wassers in der Hand; die rote Amṛtā mit dem Kopf eines Skorpions und einem Lotos in der Hand; die weiße Candrā mit einem Falkenkopf und einem Vajra in der Hand; die dunkelgrüne Daṇḍā mit einem Fuchskopf und einem Stock in der Hand; die dunkelgelbe Rākṣasī mit einem Tigerkopf und einer Schädelschale voll Blut in der Hand. So entspringen aus dem Inneren deines Gehirns die sechs Yoginī des Südens und erscheinen dir! Habe keine Angst vor ihnen!

Sohn der Edlen, aus dem Westen erscheinen die dunkelgrüne Verschlingerin mit einem Geierkopf und einer Keule in der Hand; die rote Feurige mit einem Pferdekopf und einem Rumpf in der Hand; die weiße Kraftvolle mit einem Garuda-Kopf und einem Stock in der Hand; die rote Rakṣasī mit dem Hundekopf und einem Vajra-Hackmesser in der Hand, womit sie [Leichen] zerteilt; die rote Begehrliche mit dem Kopf eines Wiedehopfs und in der Hand schußbereit Pfeil und Bogen haltend; die rot-grüne Juwelen-Schützerin mit dem Hirschkopf und einer Flasche für geweihtes Wasser in der Hand. Aus dem Inneren deines Gehirns entspringen diese sechs Yoginī des Westens und erscheinen vor dir. Vor ihnen fürchte dich nicht!

Sohn der Edlen, aus dem Norden erscheinen dir die blaue Vāyudevī (Windgöttin) mit dem Wolfskopf in der Hand und eine Flagge schwenkend; die rote Nārī mit dem Kopf eines Steinbocks und einem Pfahl in der Hand; die schwarze Vārāhī (Wildsau) mit dem Schweinskopf und einer Schlinge aus Fangzähnen in der Hand; die rote Vajrī mit einem Krähenkopf und einer Kinderleiche in der Hand; die dunkelgrüne Großnasige mit dem Elefantenkopf und in der Hand eine große Leiche haltend, deren Blut sie schlürft; die blaue Wassergöttin mit dem Schlangenkopf und in der Hand eine Schlinge aus Schlangenkörpern. Diese sechs Yoginīs des Nordens entspringen dem Inneren deines Gehirns und erscheinen vor dir. Habe keine Angst vor ihnen!

Sohn der Edlen, diese Yoginīs, die die vier Tore [des Mandalas, das sich im Gehirn befindet] bewachen, sind eben dem Inneren deines Gehirns entsprungen und erscheinen vor dir. Aus dem Osten erscheint die weiße Vajrī mit dem Kopf eines Kuckucks und einem Rettungshaken in der Hand; aus dem Süden die gelbe Vajrī mit dem Ziegenkopf und einer Schlinge in der Hand; aus dem Westen die rote Vajrī mit dem Löwenkopf und einer Eisenkette in der Hand; aus dem Norden die dunkelgrüne Vajrī mit dem Schlangenkopf und einer Glocke in der Hand. Diese vier Torhüterinnen, die Yoginīs, entspringen dem Inneren deines Gehirns und erscheinen vor dir. Erkenne doch, daß diese achtundzwanzig machtvollen Gottheiten wie auch die schrecklichen Herukas kraft ihrer spontanen Persönlichkeit dir als Erscheinungen aufgehen.

Sohn der Edlen, das Wahre Sein wird für dich in den friedvollen göttlichen Wesenheiten sichtbar, da sie teil an der Leere haben. Dies erkenne doch!

Der Seinszustand spirituellen Mitteilens wird aus seiner Teilhabe an der Lichthaftigkeit [aller Phänomene] als die göttlichen Wesenheiten des Schreckens sichtbar, deshalb erkenne dies doch! Wenn die göttlichen Scharen der achtundfünfzig Bluttrinker aus dem Inneren deines Gehirns entspringen und vor dir erscheinen und du zu dieser Zeit erkennst, daß alles, was immer dir erscheint, eben darin sichtbar wird aufgrund der ureigenen Ausstrahlung deiner inneren Geist-Natur, dann wirst du just in diesem Augenblick eins mit der Schar dieser Bluttrinker und ein Buddha.«

ABSCHLIESSENDE ANWEISUNGEN

»Wenn du aber nicht in dieser Weise zur Einsicht gelangst, sondern Angst vor diesen Erscheinungen hast und sie zu fliehen suchst, dann wird das Leid sich erneut verstärken, und du mußt [weiter] hinab wandern. Wenn du also nicht zur Einsicht gelangt bist, dann wirst du alle göttlichen Scharen der Bluttrinker als den [Todesgott] Yama erblikken und vor den Göttern der Bluttrinker Angst haben, Furcht und Schrecken empfinden, von Sinnen kommen. Deine eigenen Erscheinungen werden dir zu einem Teufel (Māra), und du mußt weiter in der Wandelwelt umherirren. Hast du jedoch keine Furcht oder Angst, dann brauchst du nicht in der Wandelwelt umherirren.

Sohn der Edlen, auch wenn die größten der friedvollen sowie der schrecklichen Gestalten so hoch und weit wie der Himmel, die mittleren gleich dem Weltberg Meru und die kleinsten sogar achtzehnmal größer als dein eigener Körper sind, so habe doch keine Angst vor ihnen! Alle Phänomene, wie immer sie beschaffen sind, werden dir als Licht und göttliche Personen erscheinen. Erkennst du, daß alle Phänomene, die dir als Licht und göttliche Personen erscheinen, die ureigene Ausstrahlung deiner eigenen Geist-Natur sind, dann wird diese ureigene Ausstrahlung, das ureigene Licht und die göttlichen Personen in eins verschmelzen, und du bist Buddha.

O Sohn, erkenne doch, daß alle Phänomene, die du wahrnimmst, auch wenn dich Furcht, Angst und Schrecken ankommen eine Erscheinung deiner selbst sind! Erkenne doch das Licht als die ureigene Ausstrahlung deiner Geist-Natur! Wenn du auf diese Weise zur Einsicht gelangst, dann wirst du ohne allen Zweifel zur selben Zeit erleuchtet. ›In einem einzigen Augenblick wird man Buddha sein!‹ So heißt es, und es wird nun geschehen! Vergegenwärtige dir dies!

Sohn der Edlen, wenn du dies nicht selbst erkennst, sondern dich fürchtest, dann werden die friedvollen göttlichen Gestalten dir als die Person des schwarzen Schützers (Mahākāla) erscheinen. Die göttlichen Gestalten der Schrecklichen allesamt werden dir als die Gestalt des Gesetzeskönigs Yama (des Todesgottes) erscheinen. So werden deine eigenen Erscheinungen für dich zu einem Teufel (Māra), und du mußt in der Wandelwelt umherirren.

Sohn der Edlen, wenn du deine eigenen Erscheinungen nicht als solche wahrlich erkennst, wirst du kein Buddha, auch wenn du alle Verkündigungen, Sutren und Tantras kennst und während eines ganzen Weltzeitalters den Dharma übtest. Wenn du aber [die Natur] deiner eigenen Erscheinungen erkennst, dann wirst du auf der Stelle in einem Augenblick Buddha. Wenn du aber deine eigenen Erscheinungen nicht erkennst, dann wird, kaum daß du gestorben bist, die Gestalt des Gesetzeskönigs, nämlich Yama, der Todesgott, bereits im Zwischenzustand des Wahren Seins[101] erscheinen. Die größten Gestalten des Gesetzeskönigs Yama sind dem Himmel vergleichbar, die mittleren sind gleich dem Berg Meru, der die ganze Welt erfüllt. So erscheinen sie: Mit bleckenden Zähnen beißen sie auf ihre Lippen; ihr Blick ist wie von Glas; ihr Haar ist am Scheitel aufgebunden; ihre Bäuche sind dick, ihr Hals dünn; in der Hand schwingen sie den Kerbstock und mit Schreien wie ›Schlage! Töte‹ schlürfen sie das Gehirn [der Gerichteten], trennen die Köpfe vom Rumpf und reißen die Eingeweide heraus. So füllen sie die Welt aus. Sohn der Edlen, wenn die Zeit kommt, da dir solches erscheint, dann habe weder Angst noch Furcht! Da du ein Geist-Wesen[102] bist, das durch seine latenten Neigungen [bestimmt ist], kannst du nicht wirklich sterben[103], auch wenn du getötet oder zerhackt werden solltest. In Wahrheit besteht deine Gestalt in der Leere, so daß du dich nicht zu ängstigen oder zu fürchten brauchst. Denn da auch alle Gestalten des Todesgottes die eigene Ausstrahlung deiner ureigenen Geist-Natur sind, ist nichts an ihnen, was aus Materie gewirkt wäre. Denn Leere kann der Leere nichts anhaben! Es gibt eine [unumstößliche] Tatsache, daß nur im Kraftfeld deiner Geist-Natur die äußerlich Friedvollen, Schrecklichen, die Bluttrinker, die mit verschiedenen Köpfen, die Aureolen, die schrecklichen Gestalten des Todesgottes etc. erscheinen, aber jeder Substanz entbehren[104]. Wenn du dies erkennst, dann ist der Angst und Furcht jeder Boden entzogen, und du wirst [mit dem Urgrund des Seins] in eins verschmelzen und ein Buddha werden. Wenn du dies erkennst, dann sind die [Erscheinungen] eben die göttlichen *Yi-dam*. Voll Verehrung und Hingabe denke: ›Sie sind gekommen, um mich aus den abgründigen Pfaden des Zwischenzustands zu geleiten. Zu ihnen nehme ich Zuflucht!‹ Vergegenwärtige dir die Drei Kostbarkeiten! Was auch immer die *Yi-dam* sein mögen, vergegenwärtige sie dir! Rufe sie beim Namen! Flehe sie an: ›Kostbare, göttliche *Yi-dam*! Während ich im Zwischenzustand umherirren muß, helft mir doch! Habt Mitleid mit mir!‹ Rufe deinen Lama beim Namen und flehe ihn an: ›Während ich im Zwischenzustand umherirren muß, hilf mir doch! Laß nicht nach in deinem Mitleid!‹ Die göttlichen Scharen der Bluttrinker flehe voll Verehrung an und sprich dieses Gebet:

›Wehe! Zur Zeit, da ich aufgrund der Menge meiner üblen Neigungen im Zwischenzustand umherirren muß, mögt ihr, göttliche Scharen der friedvollen und bluttrinkenden Wesenheiten, mich auf den rechten Weg, den Weg zum Lichte führen, der alle Angst, Schrecken und Entsetzen vertreibt! Die Scharen der schrecklichen Göttinnen, die Herrinnen der Sphäre [des Wahren Seins] mögen mir von hinten beistehen! Ich flehe euch an, mich aus dem abgründigen Pfad des schrecklichen Zwischenzustands zu erretten und mich zum Zustand eines wahren, vollendeten Buddhas zu geleiten! Meiner lieben Freunde beraubt, muß ich einsam umherirren. Zur Zeit, da mir die leeren Spiegelbilder meiner eigenen Erscheinungen aufsteigen, möge durch das überfließende Mitleid der Buddhas Angst und Schrecken im furchtbaren Zwischenzustand nicht aufkommen. Da das reine Licht der Urweisheit fünffach erstrahlt, möge ich selbst ohne Furcht und Schrecken zur Einsicht gelangen! Da die Bilder der friedvollen und schrecklichen Wesenheiten mir erscheinen, möge ich, vertrauensvoll und ohne Furcht, den Zwischenzustand erkennen. Da ich durch mein übles Karma Leid erfahren muß, mögen die göttlichen *Yi-dam* mir das Leid wegnehmen! Da der ureigene Schall des Seins-an-sich[105] gleich tausendfachem Donner hallt, möge mir alles zum sechssilbigen Gebet[106] sich wandeln! Da ich schutzlos nun meinem Karma folgen muß, bitte ich den Großen Mitleidsvollen (Avalokiteśvara), mir Zuflucht zu sein! Da ich das Leid jener Taten, die durch meine üblen Neigungen bedingt wurden, erfahre, möge mir das Licht der Versenkung[107] erscheinen. Die Bereiche der fünf Elemente mögen mir nicht feindlich sein, möge ich vielmehr die Seligen Gefilde der Buddhas der fünf spirituellen Ordnungen schauen!‹

Mit diesen Worten bete voll Verehrung und Hingabe! Nachdem all dies Schreckliche und Furchtbare verschwunden ist, ist es von großer Wichtigkeit, daß du nicht zerstreut bist, da du doch ganz gewiß zu einem Buddha des vollkommenen spirituellen Mitteilens wirst.«

Dies erkläre man [dem Toten] an die drei- bis fünfmal. Wie schwer auch die Verblendungen, wie übel auch die Auswirkungen früheren Karmas sein mögen, so ist es doch unmöglich, dadurch nicht befreit zu werden. Wenn jedoch einige nicht zur Einsicht gelangen, obgleich so viel für sie getan wurde, dann müssen sie in den dritten Seinszustand, den des Werdens,[108] wandern. Deshalb wird ihnen im einzelnen zur Einsicht verholfen. Im allgemeinen gilt, wie groß oder gering auch die religiöse Praxis früher gewesen sein mag, so kommt es doch häufig vor, daß man im Sterben zumindest etwas verwirrt wird. Dann gibt es ohne diese *Befreiung durch Hören* kein Hilfsmittel [zur Erlösung]. Wenn bei denen, die [zu Lebzeiten] viel meditiert haben, Geist und Körper sich trennen, dann gewinnen sie einen Zugang zum Sein-an-sich. Diejenigen, die zu Lebzeiten ihre innere Geist-Natur erkannt haben und über [entsprechend reiche] spirituelle Übung verfügen, werden eine große Kraft bekommen, wenn ihnen während des Zwischenzustands der Todesstunde[109] das Urlicht erscheint. Aus diesem Grund ist die spirituelle Übung zu Lebzeiten äußerst wichtig. Auch denen, die zu Lebzeiten die Entfaltung und Vollendung[110] der tantrischen Götter geübt haben, wird – zur Zeit des Zwischenzustands des Wahren Seins[111], da ihnen die friedvollen und schrecklichen Erscheinungen aufgehen – eine große Kraft erwachsen. Deshalb ist es von besonderer Bedeutung, daß man zu Lebzeiten diese *Befreiung durch Hören im Zwischenzustand* sich bewußt mache. Dies präge man sich ein, man beherrsche es und lese es wiederholt. In dieser Weise mache es dir bewußt. Zu keiner der drei Zeiten unterbreche man [diese Übung]. Auch wenn hundert Henker einen verfolgten, so soll man den Sinn dieser Worte nicht vergessen!

Da diese [Methode] doch *die Große Befreiung durch Hören* genannt wird, werden selbst jene, die die fünf üblen Maßlosigkeiten[112] begangen haben, sicher die Befreiung erlangen, wenn diese mit ihren Ohren hören. Deshalb soll man dieses [Buch] inmitten der großen Bazaare lesen und es verbreiten. Auch wenn man es nur einmal gehört und die Bedeutung nicht verstanden hat, so wird man sich im Zwischenzustand daran erinnern, ohne auch nur ein einziges Wort zu vergessen, denn zu dieser Zeit ist der Geist viel wacher, so daß einem [alles] klar erscheint. Aus diesem Grunde soll man [diese Lehre] zu Lebzeiten den Ohren aller [Lebewesen] verkünden, an allen Krankenlagern soll man sie lesen, bei den Leichen aller Verstorbenen soll man sie lesen! Überall verbreite man sie! Begegnet man dieser [Lehre], so ist dies ein gutes Geschick. Ihr zu begegnen, ist schwierig, außer für jene, die die üblen Verblendungen aufgegeben und Verdienst angesammelt haben[113]. Und wenn man ihr begegnet, dann ist sie schwer zu verstehen. Hat man sie vernommen, dann erwachsen einem hierüber keine falschen Ansichten mehr, und man wird allein dadurch befreit. Deshalb soll man sie hoch schätzen! Sie ist die Quintessenz aller Phänomene. Man ist befreit, schon allein dadurch, daß man die Unterweisung über den Zwischenzustand hört; man ist befreit schon allein, wenn man sie nur liest.

Dies ist das Ende der Unterweisung im Zwischenzustand des Wahren Seins, genannt *Die große Befreiung durch Hören*. Der Siddha Karmalingpa holte diesen Text aus dem

Berg Gampodar hervor, nahe dem Ufer des Flusses Serdan (»Der Goldene«).[113a]

(Im Neudruck finden sich anschließend eine Reihe von Mantra zur Auflösung der üblen Verblendungen des Menschengeistes. Im älteren Blockdruck, wie in den engl. Übersetzungen, fehlt dieser Abschnitt.)

TEIL III

Der Zwischenzustand des Werdens[114]

Kommentar:

Nachdem der Sterbende das Aufleuchten des Urlichts, seiner Geist-Natur, die identisch mit der Leere ist, nicht erkannte, und auch im Zwischenzustand des Seins-an-sich, als die Leere in den lichten Gestalten der fünf Buddhas und in deren schrecklichen Aspekten erschien, nicht zur Einsicht gelangte, nehmen nun seine vitalen Neigungen immer mehr zu. Er erlebt die schiere Existenzangst, er fühlt sich ohne Körper unbehaust, verfolgt, gejagt, Kälte und Sturm beuteln ihn, und auf der Suche nach einem Schlupfwinkel findet er sich unversehens im Mutterschoß. Diesen Ablauf, den die Dinge nun von sich aus nehmen möchten, gilt es durch die Anweisungen des Lama zu unterbrechen, oder zumindest in eine Bahn zu bringen, die eine Wiedergeburt unter schlechten Bedingungen unterbindet. Der Zwischenzustand des Werdens bezeichnet somit eine Phase, in der die Vitalität des Toten nach einer neuen Verkörperung sucht, also eine Phase, die vor der Empfängnis liegt. Das tiefe Verlangen, wieder einen Körper zu besitzen, drückt sich nur zu deutlich darin aus, daß das Geist-Wesen nun glaubt, bereits einen Körper zu haben, ja sogar weiß und empfindet, wie er beschaffen ist.

Um diesen vermeintlichen Körper, der nur in der Wahrnehmung des Geist-Wesens existiert, mit seinen Merkmalen zu erfassen, wird ein Vers aus einem Tantra zitiert, das nicht näher bezeichnet wird. Deshalb ist es nicht möglich, diesen Vers in seiner Wiedergabe der Worte zu überprüfen. Der Vers ist nicht nur in der deutschen Übersetzung schwer verständlich und doppeldeutig, sondern auch im Original. Diese Doppeldeutigkeit wurde auch von den einheimischen Gelehrten erspürt, weshalb sich daran einander widersprechende Auffassungen über das Aussehen dieses scheinbaren Körpers im Zwischenzustand anschlossen. Der vorliegende Text des *Bardothödol* in der Redaktion von Karmalingpa interpretiert das mißverständliche »nach Früherem werdend«[115] in folgender Weise: der vermeintliche Körper im Zwischenzustand ist durch eine Ambivalenz gekennzeichnet, einesteils ist er geformt durch die Neigungen, die den früheren Taten des Verstorbenen innewohnten, gleichzeitig trägt er auch das Aussehen des früheren Körpers, andernteils aber trägt dieser Körper bereits Anzeichen der zukünftigen Existenz, er hat Merkmale lichter Weltenräume, und durch diesen scheinbaren Körper werden für den Verstorbenen die Orte seiner nächsten Existenz deutlich. – Die weiteren Merkmale dieses Schein-Körpers werden im Text selbst eindeutig erklärt.

1. Der Schein-Körper des Toten

Aus [dem Zyklus] *Eine tiefsinnige Belehrung zur Spontanen Befreiung durch die Andacht der Friedvollen und Schrecklichen [Gottheiten]*[116] folgt nun die klare Anleitung zur Einsicht in den Zwischenzustand des Werdens, genannt *Die Große Befreiung durch Hören*[117].

Oṃ! Den Lama, die göttlichen *Yi-dam* und die Scharen der Ḍākinī verehre ich mit einem Herzen voll Hingabe und flehe sie an, mich zur Befreiung im Zwischenzustand zu führen! Aus der *Großen Befreiung durch Hören* wurde vorher der Zwischenzustand des Wahren Seins erklärt, nun sei der Zwischenzustand des Werdens mit folgenden Worten klar dargelegt:

Obschon vorher vielfach zur Einsicht in den Zwischenzustand des Wahren Seins verholfen wurde, so ist doch mit

Ausnahme für jene, die eine große Praxis in der Meditation haben und über bedeutende Ausstrahlungen ihres Karma verfügen, die Einsicht schwer zu erlangen, zumal aufgrund von Angst, Furcht und üblen Karmas für diejenigen, die keine Übung in der Meditation haben und bedeutende Verblendungen aufweisen. So gilt es, sie mit diesen Worten klar zu unterweisen, nachdem sie nun über den zehnten Tag hinausgelangt sind.

Den Drei Kostbarkeiten widme man ein Opferritual (*pujā*). Die Buddhas und Bodhisattvas bitte man flehentlich um ihre hilfreiche Unterstützung. Danach rufe man den Toten drei- oder siebenmal bei seinem Namen und spreche:

»Sohn der Edlen, höre gut zu und präge es dir ein! Die Leiber der Höllenwesen, der Götter und der Wesen im Zwischenzustand, werden nicht auf natürliche Weise[118] geboren. Weiter, da du, als dir im Zwischenzustand des Wahren Seins die friedvollen und schrecklichen Erscheinungen aufgingen, sie nicht [in ihrem Wahren Sein] erkanntest, bist du nach vierundzwanzigeinhalb Tagen durch all den Schrecken ohnmächtig geworden. Doch als du aus der Ohnmacht erwachtest, war dein Intellekt klar geworden, und ein Körper, gleich deinem früheren, entstand dir.

Ferner wird aus einem Tantra zitiert:

›Versehen mit einer Gestalt, nach Früherem werdend und mit allen Sinnesorganen versehen, ohne Hindernis durch alles hindurchgehend, mit der wunderbaren Kraft aus seinem Karma, so wird er geschaut von denen, die gleicher Gattung sind oder den reinen Götterblick [besitzen].‹

›Früher‹, das heißt: Du hast eine Gestalt wie von Fleisch und Blut, [geschaffen] durch deine früheren Neigungen. Ferner wird sie etwas von den Merkmalen [der Wesen] in den glücklichen Weltaltern haben und voll Licht sein. Da diese Gestalt eine Erscheinung der Geist-Natur ist, wird sie die Gestalt des Geistes im Zwischenzustand genannt. Wenn du unter den Göttern wiedergeboren wirst, dann erscheint dir zu dieser Zeit der Lebensraum der Götter, oder der Asuras, der Menschen, der Tiere, der Hungergeister, der Höllenwesen. Wo immer du geboren wirst, das wird dir erscheinen. Deshalb sagt man ›früher‹.

Vor nicht mehr als dreieinhalb Tagen dachtest du, daß du eine fleischliche Gestalt hättest, gestaltet nach deinen früheren Neigungen. Und ›werdend‹ sagt man, weil danach eben dir erscheinen wird, wo du später geboren werden wirst. Deshalb sagt man: ›nach Früherem werdend‹.

Hänge deshalb den Erscheinungen nicht an, wie immer sie auch sein mögen, verlange und begehre nicht danach! Verlangst du jedoch voll Begehren danach, dann wirst du ins Leid geraten, da du doch unter den sechs Daseinsbereichen umherirrst. Obgleich dir vorher der Zwischenzustand des Wahren Seins aufgegangen ist, hast du seinen Sinn nicht begriffen, und so mußt du nun hier umherirren. Wenn du es nun vermagst, dich der Wirklichkeit ohne Ablenkung ganz hinzugeben, dann wirst du die Geist-Natur in ihrer klaren Lichthaftigkeit als leer, nackt, verzehrend [erfahren], so wie dein Lama dich früher zur Einsicht brachte. Verharre gelassen in diesem Zustand, der frei von [allem] Begreifen und Tun ist[119]. So wirst du nicht in den Mutterschoß eintreten, sondern die Befreiung erlangen.

Wenn du dies aber nicht wahrlich erkennst, dann meditiere ununterbrochen voll Inbrunst und Verehrung, daß dein jeweiliger göttlicher *Yi-dam,* oder dein Lama sich über deinem Scheitel befinde. Dies ist wichtig, sehr wichtig! Immer wieder tue dies ohne Ablenkung!«

So erkläre man [dem Toten]. Erfaßt er dies wirklich, dann ist er befreit und braucht nicht unter den sechs Daseinsbereichen herumzuirren. Doch da kraft des schlechten Karmas dies schwer zu erkennen ist, spreche man folgendes:

»Sohn der Edlen, höre gesammelten Sinnes zu! Es heißt: ›Mit allen Sinnesorganen begabt, ohne Hindernis [durch alles] hindurchgehend‹. Auch wenn zu Lebzeiten dein Auge blind und du taub und lahm usw. gewesen bist, so sind dir doch aufgrund des dem Zwischenzustand eigenen Sehens die Gestalten klar; dem Hören die Töne wahrnehmbar, da nämlich das Wahrnehmungsvermögen ohne die Behinderung [durch die Sperrigkeit der Materie] alles klar wahrnimmt, so daß dir alles vollständig erscheint. Deshalb wurde [im Tantra] gesagt: ›mit allen Sinnen begabt‹. Erkenne doch, daß – nachdem du gestorben bist – alle Anzeichen vorhanden sind, daß du dich im Zwischenzustand bewegst. Vergegenwärtige dir die Unterweisung, [die du zu Lebzeiten empfangen hast!]

Sohn der Edlen, es heißt deshalb ›ohne Hindernis hindurchgehend‹, weil du ein Geist-Wesen bist. Ohne Grundlage für die innere Geist-Natur hast du keinen materiellen Körper. Deshalb hast du nun die Macht, durch den Berg Meru, durch Häuser, durch Erde und Steine, Berge und Hügel, durch alles ohne Hindernis frei hindurchzugehen. Nun hast du [die Macht,] überall hin- und herzugehen, außer in den Mutterschoß und den Vajrasitz, sogar durch den Weltberg Meru, den König der Berge. Da dies auch ein Zeichen dafür ist, daß du im Zwischenzustand des Werdens dich befindest, vergegenwärtige dir die Unterweisungen deiner Lamas und flehe den Herrn des Großen Erbarmens (Avalokiteśvara) an! Sohn der Edlen, es heißt, ›im Besitz der wundertätigen Macht des Karma‹: Da du zwar nicht die wundertätige Macht, aufgrund von Fähigkeiten oder der Meditation, sondern die wunderbare Macht besitzt, die aus der Kraft des Karma entsteht in Übereinstimmung mit deinen früheren Taten, kannst du in einem Augenblick die vier Kontinente, den Weltberg Meru durchstreifen. An welchen Ort auch immer du dich erinnerst, im Nu bist du bereits dort. Du hast die Macht, dorthin zu gelangen, so wie ein Mann den Arm streckt und beugt. Weder sollst du dir die verschiedenartige Beschaffenheit dieser ungeahnten wunderbaren Macht nicht vergegenwärtigen, noch sollst du sie dir vergegenwärtigen! Alles was du dir vergegenwärtigst, dies und das, und mag es auch nicht in der Macht eines Buddha oder der Menschen sein, es zu tun, [so kannst du es tun], da du jetzt einer bist, der seit urdenklicher Zeit die Macht eines Buddha besitzt. Dies erkenne doch und flehe zu deinem Lama!

Sohn der Edlen, es heißt: ›So wird er geschaut von denen, die gleicher Gattung sind oder den reinen Götterblick [besitzen].‹ Es ist so, daß diejenigen Lebewesen, die innerhalb des gleichen Daseinsbereichs geboren wurden, im Zwischenzustand einander erkennen können. Wenn also welche unter den Göttern wiedergeboren werden, dann können sie sich untereinander erkennen. Da es nun so ist, daß [nur] diejenigen einander sehen [können], die in demselben der sechs Daseinsbereiche wiedergeboren werden, darfst du dich nicht danach sehnen, sondern sollst über den Großen Mitleidsvollen (Avalokiteśvara) meditieren.

Ferner heißt es: ›geschaut von denen, die ... einen reinen Götterblick [besitzen]‹. Zwar wird [das jeweilige Lebewesen im Zwischenzustand] geschaut mit dem klaren Götterblick, der durch Meditation im Zustand der Versenkung [erworben wurde], der aber nicht aus der Macht göttlichen Verdienstes zustande kommt. Ferner trifft es nicht zu, daß [man es mit dem Götterblick] immer sehen kann, denn nur wenn man sich auf das Sehen besinnt, schaut man [das Lebewesen im Zwischenzustand]. Besinnt man sich nicht darauf, schaut man es auch nicht. So geschieht es auch, wenn man durch [eine andere Betrachtung] abgelenkt wird.«

2. Die Stimmungen des Toten

Kommentar:

Im folgenden Abschnitt werden die Stimmungen, in denen sich der Tote nun befindet, eindringlich geschildert. Unter anderem heißt es, daß die Geist-Natur wie eine Feder vom Wind hinweggetragen wird, daß sie das Pferd des Odems reitet. Diese Bilder beruhen auf einer ganz bestimmten Vorstellung, die in der buddhistischen Literatur immer wieder auftaucht. Der Geist hat als Träger nicht nur den grobmateriellen Körper, sondern liegt unmittelbar auf einer feinstofflichen Substanz. Diese feinstoffliche Substanz ist in erster Linie der Träger des Geistes, sie ist in sich beweglich, flüchtig, nicht-materiell. (Vgl. den einleitenden Kommentar zu Teil I.) Diese Substanz wird mit dem Sanskrit-Wort *prāṇa*, tib. *rlung* bezeichnet. Die Bedeutungsskala reicht von Wind, Atem über Lebensodem bis zu Vitalität, Lebensenergie. In den auf die yogische Praxis ausgerichteten Überlieferungen wird diese subtile Substanz gerne als Pferd bezeichnet, auf dem der Geist reitet. Ist der Geist nicht beherrscht, dann läßt dieser »Odem« sich nicht zähmen, und Zerstreuung bei der Meditation ist die Folge. Während des Zwischenzustands nun ist diese Vitalität, dieser Odem in seinem Drang nach neuer Verkörperung so ungebärdig geworden, daß der Reiter, nämlich die Geist-Natur, taumelnd und schwankend fortgetragen wird. Dieses Bild taucht an späterer Stelle noch einmal auf (s. S. 176), nur mit dem Unterschied, daß nun der Tote ermahnt wird, den Odem als Geist-Träger so zu zügeln, wie man ein Pferd zügelt.

»Sohn der Edlen, da du einen so beschaffenen Leib hast, wird es wie im Traum zugehen, wenn du deine Landsleute und Verwandten triffst: Obwohl du deine Freunde und Verwandten mit Worten ansprichst, werden sie keine Antwort geben, und weil du deine Freunde und Verwandten weinen siehst, wirst du denken: ›Ich bin tot, was soll ich nur tun?‹ und dabei so sehr leiden, wie ein Fisch, der auf heißem Sand geröstet wird. Es hat aber keinen Sinn, daß du dich darüber so grämst. Hast du einen Lama, dann flehe ihn an oder deinen göttlichen *Yi-dam* oder den Herrn des Großen Mitleids (Avalokiteśvara). Da es keinen Sinn hat, dich nach deinen Verwandten zu sehnen, so verlange nicht danach. Wenn du den Herrn des Großen Mitleids (Avalokiteśvara) anflehst, dann werden weder Leid noch Schrekkensbilder dich ängstigen.

Sohn der Edlen, da deine Geist-Natur von dem unsteten Wind deines Karma angetrieben wird, ist sie ihrer selbst nicht mehr sicher ohne Stütze und wird wie eine Feder vom Wind hinweggetragen und reitet dennoch wirbelnd und taumelnd das Pferd des Odems. Zu den Weinenden wirst du sagen: ›Ich bin doch hier, weint nicht!‹ Aber da sie dich nicht hören, wirst du denken: ›Ich bin tot‹, und so kommt großes Leid über dich. Solches Leid füge dir daher nicht zu! Tag und Nacht wird ein graues Etwas, wie das graue Licht des Herbstes, immer da sein, so werden die Tage des Zwischenzustands, der ein, zwei, drei, vier, fünf, sechs oder sieben Wochen usw. bis zu neunundvierzig Tagen dauern kann, sein. Für gewöhnlich heißt es, daß die Leiden des Zwischenzustands des Werdens bis zu einundzwanzig Tagen andauern können, obschon dies nicht bestimmt ist, denn [es hängt] von der Macht des Karma ab.

Sohn der Edlen, zu dieser Zeit wird der Sturm deines Karma, rot und bedrohend, äußerst schrecklich sein, und er wird bis zur Unerträglichkeit wüten und dich von hinten anpacken. Davor fürchte dich nicht, es ist eine trügerische Erscheinung deiner selbst. Eine ganz furchtbare, große Dunkelheit, die unerträglich ist, geht dir voraus. Verschiedenes, schreckliches Geschrei ertönt, wie: ›Schlage, töte!‹ Davor fürchte dich nicht! Aber denen, die stark verblendet sind, werden die fleischfressenden Dämonen ihrer eigenen Taten, verschiedene Waffen schwingend, unter großem Gedröhne und Kriegsgeschrei wie: ›Tötet, tötet! Schlagt, schlagt!‹ erscheinen. Und dir wird vorkommen, als ob verschiedene, furchterregende Bestien hinter dir herjagten, als ob Schnee und Regen, Schneestürme und Finsternis zusammen mit vielen Kriegern dich verfolgten. Die Geräusche berstender Berge, überströmender Seen und um sich greifenden Feuers, zusammen mit dem Heulen des Sturmes werden entstehen, und aus Angst davor wirst du blindlings fliehen. Vor dir schneiden jedoch drei Abgründe [dir den Weg ab]. Sie sind weiß, rot und schwarz; tiefgähnend und furchterregend werden sie Stücke aus dir machen.

Sohn der Edlen, in Wahrheit sind dies keine Abgründe, sondern die drei Verzerrungen[120]: Haß, Begehren und Unwissen. Zu dieser Zeit mußt du erkennen, daß du im Zwischenzustand des Werdens bist, und den Großen Mitleidsvollen mit seinem Namen anrufen: ›O Herr des Großen Mitleids, mein Lama, ihr Drei Kostbarkeiten, mein Name ist N. N., laßt mich nicht in einen der üblen Lebensbereiche eintreten!‹ So bete inständig und vergiß es nicht!

Ferner werden diejenigen, die [Weisheit und Tugend] gesammelt, das Gute getan und die Religion treulich geübt haben, von allerlei Arten vollkommenen Glücks eingeladen, da sie in verschiedener Weise die Mannigfaltigkeit vollkommenen Glücklichseins erfahren. Diejenigen, die weder etwas Gutes oder Böses getan haben, sondern in

Gleichgültigkeit und Unwissen verharrten, die werden nichts an Bösem oder Gutem erfahren, sondern nur Gleichgültigkeit und Unwissen wird ihnen aufgehen. Was immer aufsteigen mag, o Sohn der Edlen, seien es weltliche Güter und Genüsse oder Glück, so begehre und verlange nicht danach. Verehre deinen Lama und die [Drei] Kostbarkeiten! Die Begehrlichkeit des Geistes gib in deinem Denken auf! Während dir weder Gutes noch Böses erscheint, steigt Gleichmut in dir auf; und deine Geist-Natur verharre ohne Konzentration[121] und ohne Ablenkung im Wesen des Großen Siegels[122]. Dies ist wichtig! Sohn der Edlen, zu dieser Zeit wirst du dich bei Brücken, Tempeln und Klöstern, Grashütten, Stupas usw. aufhalten, aber du wirst nicht lange bleiben können, da deine Geist-Natur ohne Körper sich nicht niederlassen kann. Du fühlst dich bedrängt, verärgert, verprellt; dein Intellekt ist zerstreut, taumelnd und diffus. Zu dieser Zeit wirst du nur einen Gedanken haben: ›Ich bin tot, was soll ich nur tun?‹, und während dir diese Gedanken bewußt werden, steigt dir ein starkes Mitleid [mit dir selbst] auf. Und so wirst du unendlich großes Leid erfahren. Hänge dich nicht an einen Ort, da du doch wandern mußt, vergegenwärtige dir dies! Tu nicht dies und das, sondern laß deinen Geist in völligem Gleichmut! Es wird die Zeit kommen, da du außer den [dir im Totenopfer] gewidmeten Speisen nichts zu essen hast und deine Freunde nicht [mehr] zuverlässig sind. Dies sind die Anzeichen dafür, daß du als Geist-Wesen im Zwischenzustand des Werdens umherirren mußt. In diesem Augenblick werden sowohl Leid als auch Freude durch dein Karma bedingt. Da du in deinem eigenen Land umherschweifst, deine Nächsten und sogar deine eigene Leiche siehst, wirst du voll Leid denken: ›Nun bin ich tot!‹ Danach verliert das Geist-Wesen seine Zuversicht; und du denkst, wäre es nicht geschickt, irgendeinen Körper zu erlangen? Und dir wird sein, als ob du überall umherwandertest auf der Suche nach einem Körper. Auch wenn du gar neunmal in die Leiche eingehen kannst, so wird sie im Winter einfrieren und im Sommer verfaulen, und zwar aufgrund der Dauer [deines Aufenthalts] im Zwischenzustand des Wahren Seins. Und wenn das nicht zutrifft, so werden deine Nächsten [die Leiche] verbrennen oder in der Erde vergraben oder den Vögeln und Raubtieren zum Fraße gegeben haben, so daß du nichts mehr zum Eingehen vorfindest. So bist du darüber ganz und gar nicht erfreut, sondern hast das Gefühl, als ob du zwischen Erde und Steinen eingezwängt würdest. Solches Leid erfährst du, weil du dich im Zwischenzustand des Werdens befindest. Auch weil du noch einen Körper suchst, wird dir nichts als Leid zuteil werden. Tue daher nichts, um nach einem Körper zu verlangen, verweile im Wesen [dieses Nichtsuchens] und sei ohne Zerstreuung!«

So zur Einsicht verholfen, wird [der Tote] im Zwischenzustand die Befreiung erlangen.

3. Das Wägen der Taten

Wenn aber aufgrund des üblen Karmas es sein sollte, daß [der Tote], obwohl ihm zur Einsicht verholfen wurde, er [die Wahrheit] nicht erkannte, rufe man ihn bei seinem Namen und spreche:

»Sohn der Edlen, N. N., höre zu! Du mußt nun dieses Leid ertragen, weil das deine eigenen Taten sind, sollst du die Drei Kostbarkeiten innig anflehen. Dadurch wirst du geschützt. Doch auch wenn man nicht in dieser Weise betet, nicht über das Große Siegel zu meditieren weiß, sich nicht auf den göttlichen *Yi-dam* konzentriert, so wird zu dieser Zeit der [mit einem selbst] gleichzeitig entstandene gute Genius[123] alle vollbrachten guten Taten sammeln und [dafür] weiße Steinchen vorzeigen. Und der gleichzeitig [mit einem selbst] zur Welt gekommene böse Genius[124] sammelt ebenfalls alle verübten schlechten Taten und zeigt [dafür] schwarze Steinchen vor. Zu dieser Zeit wirst du große Angst, Furcht und Entsetzen haben und zittern, während du lügst: ›Ich habe nichts Übles getan!‹ Da aber spricht Yama (der Totengott): ›Ich werde in den Spiegel deiner Taten schauen!‹ Und da er in den Spiegel blickt, wird alles Gute und Üble im Inneren des Spiegels klar und deutlich sichtbar, und so war auch deine Lüge sinnlos. Darob wird Yama einen Strick dir um den Hals winden und dich daran fortziehen. Er wird dir den Hals abschneiden, das Herz herausreißen, die Eingeweide [dir aus dem Leib] zerren, dein Hirn auflecken, dein Blut trinken, dein Fleisch essen, ja sogar deine Knochen benagen. Aber du kannst nicht sterben[125], obwohl du in Stücke gehackt wirst, erstehst du wieder. Zwar wirst du immer wieder in Stücke gehackt und mußt großes Leid erdulden, fürchte dich aber nicht, da die weißen Steinchen gezählt werden, habe keine Angst, lüge nicht, ängstige dich nicht vor Yama, denn da du ein Geist-Wesen bist, kannst du nicht wirklich sterben, obwohl es geschehen kann, daß du geschlachtet und zerstückelt wirst. Da nämlich deine Gestalt in Wahrheit aus Leere besteht, brauchst du nichts zu fürchten. Denn die Erscheinung der verschiedenen Yama ist die Gestalt der Illusion und der Leere. Dein Wesen, das aus den Neigungen [deiner früheren Taten besteht], ist nämlich [auch] Leere, und so kann die Leere der Leere nichts anhaben. Das Namenlose[126] kann dem Namenlosen nichts anhaben. Abgesehen von der eigenen trügerischen Sinneswahrnehmung gibt es in Wahrheit nichts Äußeres wie Yama, Götter und Dämonen, stierköpfige Rākṣasa usw. Dies mußt du wahrlich erkennen. Daß nur darin die Gesamtheit [aller Erscheinungen] des Zwischenzustands besteht, dies erkenne doch! Versenke dich in die Betrachtung des Großen Siegels! Doch wenn du dich darin nicht zu versenken weißt, dann schaue kritisch das Wesen dessen an, der dir Anlaß zu Furcht und Schrekken ist: Du wirst nur erkennen können, daß er leer ist an Wesen, wie immer dieses Wesen auch beschaffen sein mag, und ein solches nicht verwirklicht hat. Dies nennt man den Zustand des Wahren Seins[127]. Aber diese Leere ist eine Leere, die gleichmäßig und ununterbrochen sich [auf alle Daseinsphänomene] erstreckt; die schauende, schimmernde Geist-Natur hegt den Gedanken: ›Schrecklich ist das Wesen dieser Leere!‹, und eben darin besteht die Andacht an die Wesenheiten, die im Zustand vollkommenen, spirituellen Mitteilens sind. Während Leere und Transzendenz frei von oben und unten sind, ist das Wesen der Leere transzendent, und das Wesen der Transzendenz ist leer. So sind Transzendenz und Leere voneinander untrennbar, sie enthüllen die Geist-Natur in ihrer Nacktheit und Blöße. Verharrt man jetzt in diesem Zustand, der ungeschaffen ist, so nennt man es den Seinszustand der eigentlichen Wesenheit[128]. Und dessen ureigene Kraft erstrahlt ungehindert, wo immer sie will: Dies ist der Zustand des wirkenden Seins[129].

Sohn der Edlen, höre ohne Zerstreuung zu! Erkenne dies wahrlich, und du wirst gewiß die vollendete Erleuchtung der vier Seinsweisen[130] erlangen! Sei nicht zerstreut! Hier ist die Grenze zwischen Buddha und dem Lebewesen. Da dieser Augenblick von so großer Wichtigkeit ist, wird – wenn man zu dieser Zeit zerstreut ist – niemals die Zeit kommen, um aus dem Sumpf fortwährenden Leides befreit zu werden.

›In einem einzigen Augenblick unterscheiden sie sich; in einem einzigen Augenblick ist man vollendeter Buddha.‹

So heißt es, und dies ist wahr!

Obwohl dir ausschließlich [die Erscheinungen] des Zwischenzustands aufgegangen sind, konntest du [die Wahrheit] nicht erkennen, da du bis jetzt immer zerstreut warst. Nur deshalb mußtest du auch diese Angst und Furcht erleiden. Wenn du jetzt noch zerstreut bist, wird der Faden des Mitleids zerreißen, und du wirst an einen Ort geraten, wo es keine Chance zur Befreiung gibt. So nimm dich in acht!«

4. Anweisung für spirituell wenig erfahrene Menschen

Kommentar:

Zwei Methoden empfiehlt das *Bardo-thödol* denen, die sich nicht zu sammeln wissen, für die alle bisherigen Anweisungen nutzlos geblieben sind: 1. das Ausrichten der Gedanken auf Avalokiteśvara und 2. die Liebesmeditation. Avalokiteśvara ist als einer der großen Bodhisattvas voll Mitleid mit den leidenden Wesen. Vor einem der Buddhas der Vorzeit schwor er freilich, daß er jedem Lebewesen, das leidet und seinen Namen voll Glauben und Vertrauen ausspricht, hilfreich zur Seite stehen wird[131]. Aus diesem Grund nutzt der Tibeter jede freie Minute, um den Rosenkranz zur Hand zu nehmen und den mächtigen Bodhisattva mit der Anrufung *Om maṇi padme hūṁ* sich zu vergegenwärtigen. So wurde es einem ganzen Volk zur Gewohnheit, wann immer es etwas Schreckliches sieht oder hört, eben den Bodhisattva Avalokiteśvara mit diesem Stoßgebet zum Nutzen des Bedrängten anzuflehen. Diese Übung ist jedem Tibeter so vertraut, daß er sie auch in den äußersten Schrecken des Zwischenzustands noch ausführen kann. Die zweite Übung ist damit eng verknüpft: Man konzentriert sich auf alle Lebewesen, wünscht ihnen, daß sie »im Besitze von Glück, frei von Leid, im Besitze von leidfreiem

Glück und im Zustand des Gleichmuts« sich befinden mögen. Auch dieses Gebet findet sich in den täglichen Gebeten eines jeden Tibeters, mag er nun ein ganz einfacher Mensch oder ein großer Lama sein.

Durch diese beiden Übungen wird der Geist des Verstorbenen oder des Übenden frei von allen negativen, zerstörerischen Empfindungen. So schaut er durch die menschlichen Unvollkommenheiten bei den Ausführungen der Totenrituale hindurch, ohne sich daran zu stoßen.

Wenn weiter unten gesagt wird, daß der Tote sich nicht erzürnen soll, wenn die Hinterbliebenen Tiere schlachten, so mag man darin einen Hinweis sehen, daß zur Zeit der Abfassung unseres Textes hie und da noch die unbuddhistische Sitte der Tieropfer bestand. Die heutige tibetische Tradition legt die Stelle etwas anders aus: Um die Totenzeremonien abzuhalten, kommen viele Lama und Mönche ins Haus der Familie; zur Bewirtung dieser geehrten Gäste könnte ein Schaf geschlachtet werden.

In dieser Phase des Zwischenzustands wird es immer wichtiger, daß der Verstorbene nur gute und erbauliche Gedanken hegt. Er darf die vorhandenen Fehler nicht sehen, sondern muß durch ihre äußere brüchige Hülle hindurchsehen, um darin das Leuchten der Leere, des Ungeschaffenen zu sehen. Auch diese Geisteshaltung wird von den Tibetern ein Leben lang trainiert. Sie mag dem westlichen Menschen als naive Kritiklosigkeit erscheinen, doch ist es eine alte Erfahrung der Menschheit, daß der Mensch zu dem wird, was er in Wahrheit erkennt. Je mehr der Mensch sich also auf Kritik und Hader einläßt, um so mehr wird er ein Wesen des Streites. Die Bewußtmachung von Konflikten ist nach der Lehre des Buddha kein Weg, um sie zu überwinden. Gerade alle tantrischen Überlieferungen versuchen das Unreine ins Reine zu verwandeln. Im Rahmen der Besprechung der Pentade der Buddhas (einleitender Kommentar zu Teil II) wurde darauf bereits eingegangen.

So verhelfe man [dem Toten] zur Einsicht, und auch wenn er vorher nicht zur Erkenntnis gelangte, so wird er nun – nach dieser Anweisung – die Befreiung erlangen. Ist [der Tote] ein Laie, der nicht zu meditieren weiß, spreche man folgendes:

»Sohn der Edlen, wenn du jetzt nicht zu meditieren verstehst, dann vergegenwärtige dir Buddha, den Dharma und die Gemeinde, sowie den Großen Mitleidsvollen (Avalokiteśvara) und flehe sie inbrünstig an! Versenke dich darin, daß der Große Mitleidsvolle oder dein eigener *Yidam* die Gesamtheit dieser schrecklichen, furchtbaren Erscheinungen ist. Vergegenwärtige dir deinen Lama und deinen geheimen Namen, den du in der Menschenwelt erhieltest, als du um die tantrischen Weihen batest; ihn sage dem Gesetzeskönig Yama. Auch wenn du in einen Abgrund fällst, wirst du keinen Schaden nehmen, so gib daher Angst und Furcht auf!«

Indem man so spricht, verhelfe man [dem Toten] zur Einsicht. Auch wenn er vorher nicht befreit wurde, so wird er jetzt die Befreiung erlangen. Da es jedoch sein könnte, daß er [auch jetzt] noch nicht zu Einsicht gelangt und nicht die Befreiung erreicht hat, und da dies außerordentlich wichtig ist, soll man den Toten erneut bei seinem Namen rufen und ihn so anreden:

»Sohn der Edlen, deine jetzigen Sinneseindrücke sind nur jeweils einen Augenblick lang glücklich und leidvoll, so kommt es, daß du in große Verzweiflung stürzt, gleich wie von Schleudermaschinen geworfen. So lasse jetzt überhaupt keine Empfindungen des Begehrens oder des Ablehnens in dir aufkommen. Wenn du in himmlischen Welten geboren werden sollst, dann werden zur Zeit, da dir Erscheinungen der himmlischen Welten aufgehen, deine zurückgebliebenen Nächsten das Leben vieler Lebewesen als Opfer darbringen. Darüber werden dir unreine Erscheinungen begegnen, und du wirst großen Haß verspüren. Im Gefolge davon wirst du in der Hölle wiedergeboren werden. Was immer auch die Hinterbliebenen tun mögen, empfinde keinen Haß darüber, sondern versenke dich in die Liebes-Meditation[132]! Sollst du noch an den von dir hinterlassenen Reichtümern haften oder deine Hinterbliebenen hassen, da sie deine Reichtümer [zu besitzen] erstreben, obwohl sie wissen, daß deine Reichtümer anderen überantwortet wurden und nun von diesen genossen werden, dann wirst du in der Folge gewiß in der Hölle oder bei den Hungergeistern wiedergeboren werden, auch wenn du in besseren Welten hättest wiedergeboren werden können. Doch selbst wenn du an deinen zurückgelassenen Reichtümern hängst, kannst du sie doch nicht erlangen, und du kannst sie nicht nutzen. Deshalb gib auf, nach deinen hinterlassenen Reichtümern zu gieren, wirf sie insgesamt hinter dich! Beruhige dich! Wer immer es auch sein mag, der deine Reichtümer nutzt, sei ihm nicht neidig, sondern verzichte darauf! Verharre vielmehr in einem Zustand ohne Begehren und ohne Anhaften, indem du dich ganz auf den Gedanken konzentrierst, [deine Reichtümer] deinem Lama und den Drei Kostbarkeiten darzubringen. Auch wenn zu deinem Nutzen die Totenrituale, wie Kamkani und ›Läuterung der üblen Lebensbereiche‹ usw., rezitiert und ausgeführt werden, so wirst du doch mit deinem subtilen, übernatürlichen Wissen, [das eine Folge] deines Karma [ist], sehen, daß diese unecht, träge, zerstreut usw. ausgeführt werden, daß keine Neigung besteht, [die aus den Ritualen sich ergebenden] Gelübde rein zu bewahren. Du wirst dabei sehen, wie Unglaube und irrige Ansichten erwachsen, böse Taten, die in Angst und Schrecken [wurzeln], und wie unecht die Praxis der Religion und die Kulthandlungen [vollzogen werden]. Da wirst du denken:

›Wehe, diese [Leute] betrügen mich! Offensichtlich betrügen sie mich!‹ Und bei diesem Gedanken wirst du betrübt, und dein Herz verliert seine Freude. Dabei entstehen keine Visionen voll Hingabe und Verehrung mehr, sondern Irrtümer und Mißtrauen [gegenüber der Religion], und als Folge davon wirst du gewiß in eine schlechte Existenz geraten. Hierbei ist nun der Schaden größer als der Nutzen. Deshalb denke, wie unecht auch die von den zurückgebliebenen Geistlichen ausgeführten Zeremonien sein mögen, daß das Unechte an deinen Wahrnehmungen die Befleckungen deines Karma sind, das gleichsam in einem Spiegel reflektiert wird, denn wie könnte Unechtes an den Worten Buddhas sein? [Bedenke, daß] durch die unreine Kraft deiner eigenen Wahrnehmungen solches geschieht. So bete voll Ehrfurcht: ›Da ihre Gestalten das Wesen der Gemeinde bilden, ihre Worte das Wesen des edlen Dharma sind und ihre Gedanken das Wesen des Buddha, nehme ich Zuflucht zu ihnen!‹ So bete voll Ehrfurcht und habe von Grund auf Vertrauen zu ihnen. Damit wird alles, was deine Hinterbliebenen tun, dir zum Nutzen gereichen. Es ist deshalb sehr wichtig, diese Vorstellung zu haben, so vergiß es nicht!

Auch wenn du in einem der drei üblen Daseinsbereiche geboren werden sollst, deine hinterbliebenen Nächsten aber just zu der Zeit, da dir die Erscheinungen der üblen Daseinsbereiche aufgehen, gutem lichten und religiösen Wandel obliegen, ohne jedes Fehl, und die Lamas und Meister mit ihrem Leib, ihrer Stimme und ihrem Herzen gute religiöse Handlungen ausführen, wirst du, sobald du dies siehst, hoch erfreut sein. Als sichere Folge davon wirst du in besseren Welten wiedergeboren werden, auch wenn du in einem der drei üblen Daseinsbereiche geboren werden solltest, denn von solch veränderndem Nutzen ist [diese Geisteshaltung]. Deshalb ist es sehr wichtig, daß du unreine Vorstellungen meidest und ohne Einschränkung voll Ehrfurcht und Hingabe bist, so nimm dich in acht!

Sohn der Edlen, kurz gesagt, jetzt im Zwischenzustand ist deine Geist-Natur ohne [materielle] Stütze, so entwikkeln die guten und bösen Wahrnehmungen, welche immer auch erscheinen, auf dieser schwankenden Grundlage eine große Kraft. Denke deshalb überhaupt nicht über deine üblen Taten nach, sondern vergegenwärtige dir, was du an Gutem getan hast. Hast du aber nichts Gutes getan, dann befleißige dich inniger Hingabe und reiner Gedanken. Bete zu deinem göttlichen *Yi-dam* und zum Großen Mitleidsvollen (Avalokiteśvara). Ganz gesammelt sprich dieses Gebet:

›Wehe, getrennt von lieben Freunden muß ich allein umherirren. Leere Gestalten steigen mir als meine eigenen Gedanken auf. Mögen die Buddhas die Kraft ihres Mitleids aussenden, so daß die Schrecken des Zwischenzustands, Furcht und Angst nicht entstehen!
Wenn ich durch meine üblen Taten Leid erdulden muß, möge mein göttlicher *Yi-dam* dies Leid von mir nehmen!
Wenn der tausendfache Donnerschall des Wahren Seins ertönt, möge es zum Ton des sechssilbigen Mantras werden! Jetzt, da ich ohne Zuflucht nur meinen früheren Taten nachfolgen muß, flehe ich den großen Mitleidsvollen Herrn um Hilfe an.
Jetzt, da ich die üblen Neigungen, die meinen früheren Taten innewohnten, als Leid erdulde, möge mir doch die glückselige Versenkung des Urlichts aufgehen!‹

Mit diesen Worten bete inbrünstig! Es ist sicher, daß du den rechten Weg geleitet wirst. Sei versichert, daß es kein Trug ist. Es ist deshalb ganz außerordentlich wichtig!«

Da man so gesprochen hat, wird [der Tote sich das Gesagte] vergegenwärtigen, es beherzigen und so die Befreiung erlangen. Auch wenn man so viele Male verfährt, ist es aufgrund der Kraft der üblen Taten schwer, die Wahrheit zu erkennen. Deshalb ist es sehr nützlich, wenn man es mehrfach wiederholt.

5. Erscheinen des künftigen Daseinsbereichs

Wieder rufe man den Toten beim Namen und spreche:

»Sohn der Edlen, wenn du das, was dir vorher vor Augen geführt wurde, nicht begriffen hast, dann wird von jetzt an dein früherer Körper undeutlich, und dein zukünftiger Körper wird deutlich werden. Darob wirst du dich elend fühlen, und du wirst denken: ›Was auch für ein Körper entstehen mag, ich werde ihn zu erlangen suchen, da ich doch so leide.‹ Und wo einer entsteht, da gehst du hin und her, dahin und dorthin. Dabei gehen dir die sechs Lichter der sechs Daseinsbereiche auf. Wo du durch deine früheren Taten geboren wirst, dort leuchtet es am stärksten.

Sohn der Edlen, so höre! Was sind diese sechs Lichter? Das weiße, strahlenlose Licht der Götter wird dir aufgehen und ebenso das rote Licht der Asura, das blaue Licht der Menschen, das grüne Licht der Tiere, das gelbe Licht der Hungergeister und das rauchige, strahlenlose Licht der Höllenwesen. Diese sechs Lichter werden entstehen. Auch dein Körper wird die Farbe haben, die das Licht [jenes Ortes] hat, an dem du geboren werden wirst.

Sohn der Edlen, weil dies die Quintessenz der Unterweisung zu diesem Zeitpunkt ist, darum meditiere über das Licht, welches auch immer erscheint, als den Großen Mitleidsvollen. Zur Zeit, da dies Licht erscheint, versenke dich hinein und betrachte es als den Großen Mitleidsvollen. Dies ist von tiefer Bedeutung und äußerster Wichtigkeit, denn damit wird die Wiedergeburt verhindert. Meditiere ferner für lange Zeit über deinen jeweiligen göttlichen *Yi-dam*, wie über eine Fata Morgana, eine Erscheinung ohne Wesen, wird er doch eine reine Gestalt der Halluzination[133] genannt. Darauf schwindet [die Gestalt] des *Yi-dam* langsam von ihren Rändern her dahin. Auf alle Fälle verharre immer mehr in jenem unfaßbaren Zustand der Leere und Transzendenz, dem kein [substantielles] Sein zukommt. Wiederum meditiere über deinen *Yi-dam* und wieder über das Licht. So meditiere abwechselnd, und in der Folge laß auch deine Geist-Natur von den äußeren Umrissen her hinschwinden. So weit der Himmel sich erstreckt, so weit erstreckt sich die Geist-Natur. So weit sich die geistige Natur erstreckt, so weit erstreckt sich das Wesen des Wahren Seins. Gelassen verharre in dem Zustand des Wahren Seins, der frei von einem Ich und ohne Voreingenommenheit[134] ist. Aus diesem Zustand heraus wird die Wiedergeburt verhindert, und du wirst ein Buddha.«

6. Das Schließen der Pforte zum Mutterschoß

Kommentar:

Nun versucht der Lama ein letztes Mal, den Geist des Toten doch noch zur Einsicht zu bringen. Den Toten drängt es mit immer größerer Macht zur Wiederverkörperung. Die fünf Methoden, die nun gelehrt werden, beinhalten an sich keine unbekannten Elemente mehr: Der Tote soll sich auf seinen *Yi-dam* konzentrieren; die in sexueller Einigung geschauten Paare soll er als seinen Lama und die heilige Mutter betrachten; Haß und Begehren muß er aufgeben; in Wahrheit hat nichts ein Sein; der Geist ist blanke Leere, ist Licht.

Die Schilderung der embryonalen Phase folgt den klassischen indischen Vorstellungen. Danach wird nicht die Gestalt des Embryo beschrieben, sondern die Konsistenz seines Körpers (Dünnflüssigkeit, Dickflüssigkeit) festgehalten. Es schien mir nicht gerechtfertigt, diese Vorstellung gegen die im Westen übliche auszutauschen und damit den ursprünglichen Inhalt des Textes zu verändern.
Ähnliches gilt für die Schilderung der verschiedenen Kontinente, in die der Tote bei der Suche nach einem neuen Körper eintreten mag. Es sind dies nicht die Kontinente, wie sie im Westen bekannt sind, sondern Welten-Kontinente, die durch ringförmige Meere voneinander getrennt sind. Zum Verständnis des *Bardo-thödol* ist es nicht nötig, hierbei länger zu verweilen. Man muß sich nur vor Augen halten, daß dies Elemente sind, die dem Weltbild des klassischen Indiens angehören. (Vgl. dazu: W. Kirfel: *Die Kosmographie der Inder,* Bonn 1920.)

Diejenigen, die ganz wenig spirituelle Übung haben und in der Meditation unerfahren sind, werden dies nicht begreifen und daher in Verwirrung geraten und durch die Pforte des Schoßes gehen müssen. Deshalb ist die Unterweisung, um die Pforte des Schoßes zu schließen, so bedeutsam, und so rufe man den Toten bei seinem Namen und spreche:

»Sohn der Edlen, wenn du vorher [die Wahrheit] nicht erfaßt hast, dann wird es dir scheinen, als ob du nach oben gingst, geradeaus oder kopfüber nach unten gingst. Zu dieser Zeit meditiere über den Großen Mitleidsvollen, als wäre er du selbst. Vergegenwärtige dir dies! Dann werden dir Erscheinungen aufgehen, die schon vorher beschrieben wurden: heftige Stürme, Schnee, Hagel, Finsternis und [das Gefühl], als ob viele Menschen hinter dir herjagten und du liefest davon. Die kein Verdienst haben, denen wird es scheinen, als ob sie an einen elenden Ort liefen. Die Verdienst haben, denen wird es scheinen, als ob sie an einem glücklichen Ort ankämen. Eben zu dieser Zeit, o

Sohn der Edlen, da werden dir alle Anzeichen des Kontinents und des Ortes, wo du geboren werden wirst, erscheinen. Da es für diese Zeit viele Unterweisungen von äußerst tiefem Inhalt gibt, höre, ohne zerstreut zu sein, zu! Auch wenn du – obwohl ich dir vorher zur Einsicht verhelfen wollte – diese [Unterweisung] nicht begriffen hast, so wirst du sie trotz dieser ganz geringen spirituellen Übung jetzt gewiß begreifen, so höre also!

Es ist wichtig, daß du nun gut achtgibst, auf welche Weise die Pforte des Schoßes zu schließen ist. Es gibt zwei Methoden: Entweder man hindert das Lebewesen daran, in die [Pforte des Schoßes] einzugehen, oder man schließt diesen, den [der Tote] betreten will.«

Nun die Unterweisung, um das Lebewesen, das [die Pforte des Schoßes] betreten will, davon abzuhalten:

»Sohn der Edlen, N. N., bringe den ganz klar zur Entfaltung, den du zum *Yi-dam* gemacht hast, der ohne substantielles Sein ist, obwohl er [dir] erscheint – wie eine Halluzination und wie das [Spiegelbild] des Mondes im Wasser. Wenn du keinen bestimmten *Yi-dam* hast, dann meditiere ganz klar in dem Gedanken: ›Dies ist die Natur des Herrn des Großen Mitleids.‹ Danach lasse den *Yi-dam* von seinen äußeren Umrissen her schwinden und betrachte das überhaupt nicht wahrnehmbare Urlicht als leer. Dies ist von tiefer Bedeutung. Da es heißt, damit trete man nicht in den Schoß ein, meditiere darüber!

Wenn man es jedoch dadurch nicht verhindern kann und man dabei ist, in den Schoß einzutreten, dann gibt es die tiefgründige Unterweisung, um die Pforte des Schoßes, in die man eintreten soll, zu schließen. So höre! Sprich mir nach, was in den *Grundlegenden Worten für den Zwischenzustand*[135] steht:

›Wehe! Hier wandere ich nun im Zwischenzustand des Werdens. Da ich meinen Geist auf einen Punkt gesammelt und konzentriert habe, dehne ich voll Eifer die Wirkung meiner guten Taten aus. Da die Pforte des Schoßes verschlossen ist, sei gewärtig, daß du umkehren mußt[136]. Dies ist die Zeit, da Herzensstärke und reines Vertrauen vonnöten sind. Gib die Eifersucht auf und meditiere über deinen Lama, wie er vereint mit der göttlichen Mutter ist.‹«

Da man diese Worte klar formuliert, ruft man sie [dem Toten] ins Gedächtnis. Es ist sehr bedeutsam, den Sinn [dieser Worte] zu betrachten und danach zu handeln. Dies ist ihr Sinn: »›Hier wandere ich nun im Zwischenzustand des Werdens!‹ Du bist nun einer, der im Zwischenzustand des Werdens wandern muß. Die Anzeichen dafür sind, daß du [das Spiegelbild] deines Gesichtes nicht sehen kannst, sobald du ins Wasser schaust, und daß dein Körper ohne Schatten ist. Dies ist eben das Zeichen, daß du ohne einen materiellen Körper von Fleisch und Blut im Zwischenzustand des Werdens als Geist-Wesen wandern mußt. Jetzt mußt du ganz gesammelt und ohne Zerstreuung deinen Geist festhalten. Jetzt ist das völlige Gesammeltsein allein von größter Wichtigkeit. So wie man ein Pferd mit dem Zügel lenkt, [so willig muß dein Geist nun sein]. Da nun das geschehen wird, worauf du dich konzentrierst, darfst du keinen Gedanken an üble Taten aufsteigen lassen. Erinnere dich vielmehr der Religion, der Unterweisung, der Weihen und der Überlieferungen solcher Texte wie *Die Befreiung durch Hören im Zwischenzustand*[137] usw. Mit Eifer dehne die Auswirkung deiner guten Taten aus. Das ist wichtig, vergiß es nicht, sei nicht zerstreut! Dies ist nun der Scheidepunkt, da es aufwärts oder abwärts geht. Fällst du in Nachlässigkeit, so ist jetzt die Zeit, da du ganz sicher ins Leid gerätst. Hältst du aber in völliger Sammlung aus, so ist jetzt die Zeit, da du ganz sicher ins Glück gehst. Halte deinen Geist in völliger Sammlung! Dehne voll Eifer die Ausstrahlung deiner guten Taten aus. Denn es heißt:

›Die Zeit zum Schließen der Pforte des Schoßes ist gekommen! Da die Pforte des Schoßes geschlossen ist, vergegenwärtige dir doch, daß du nun umkehrst. Dies ist die Zeit der Herzensstärke und des reinen Vertrauens.‹

Und diese Zeit ist jetzt gekommen. Zuerst gilt es, die Pforte des Schoßes zu schließen. Ferner gibt es fünf Aspekte der Methode des Schließens, deshalb präge sie dir gut ein!

Sohn der Edlen, zu dieser Zeit werden dir Erscheinungen aufsteigen, als ob sich Männer und Frauen in Leidenschaft vereinten. Da du sie erblickst, tritt nicht zwischen sie, sondern vergegenwärtige dir [die Unterweisung] und meditiere über diese männlichen und weiblichen Paare als deinen Lama und die heilige Mutter. So verehre sie und bringe ihnen im Geiste Opfer dar! Nur indem du dein Denken ganz darauf sammelst, sie mit tiefer Hingabe und Inbrunst um Unterweisung zu bitten, wirst du die Pforte des Schoßes verschließen. Wenn du sie dadurch jedoch nicht verschließen kannst und du dabei bist, in den Schoß einzutreten, dann meditiere über deinen Lama und die heilige Mutter, deinen *Yi-dam* und was sonst angängig ist, als den Großen Mitleidsvollen, deinen [wahren] *Yi-dam* und opfere ihm im Geiste. Voll Inbrunst denke, daß du sie bittest, dich zur Vollendung zu führen. Damit wird die Pforte des Schoßes verschlossen.

Wenn du sie damit aber nicht verschließen konntest und dabei bist, in den Schoß einzutreten, dann zeige ich dir als drittes die Methode, Begehren und Haß abzuweisen. Es gibt vier Arten von Geburt: 1. die Geburt aus dem Ei; 2.

die Geburt aus dem Schoß; 3. die Geburt aufgrund eines Wunders; 4. die Geburt aus Hitze und Feuchtigkeit. Unter ihnen stimmen die Geburt aus dem Ei und die aus dem Mutterschoß in ihren Merkmalen überein. Wie oben gesagt, wirst du Männer und Frauen in leidenschaftlicher Vereinigung erblicken. Zu dieser Zeit wirst du kraft deines Begehrens und deines Hasses in den Schoß eingehen, und du kannst als Pferd, Vogel, Hund, Mensch oder ähnliches geboren werden. Sollst du als Mann wiedergeboren werden, dann wirst du dir selbst als männlich erscheinen und gegenüber deinem Vater heftige Ablehnung empfinden, und es dünkt dich, als ob du gegenüber deiner Mutter Eifersucht und Leidenschaft empfändest. Sollst du aber als Frau geboren werden, dann wirst du dir selbst als weiblich erscheinen, und du wirst Neid und Eifersucht gegen deine Mutter empfinden, und für deinen Vater wirst du Begehren und Leidenschaft fühlen. Unter diesen Begleitumständen trittst du in den Mutterschoß ein, und just, da sich die weiße und rote Essenz vereinen, da erfährst du die inständige Freude des Werdens[138]. In diesem Zustand fällt dein Bewußtsein in Ohnmacht; als stehende, [erst] dünnflüssige, [dann] dickflüssige Substanz reift der Körper, und wenn er den Mutterschoß verläßt, die Augen öffnet, dann findest du dich als alleinstehendes Junges. Warst du zuerst ein Mensch, so bist du nun ein Hund geworden und leidest in einem Hundezwinger oder – in entsprechender Weise – in einem Schweinestall oder in einem Ameisenhaufen oder in einem Fliegennest. Oder du wirst als Kalb oder Zicklein oder Lämmchen geboren. Einen Weg zurück gibt es nicht. In Stumpfheit und Nichtwissen wirst du verschiedenartigstes Leid erdulden müssen. So wirst du unter den Sechs Daseinsbereichen wie Höllenwesen und Hungergeister umherirren und unendliches Leid erdulden müssen. Keine

Kraft ist größer als diese, keine Furcht und kein Schrecken ist größer als dieser. Wehe, wie furchtbar! Wehe, wehe! Die ohne Unterweisung eines Lama sind, werden damit in den gähnenden Abgrund der Wandelwelt fallen, und sie werden unentwegt von unerträglichem Leid gequält werden. So präge dir meine Unterweisung ein! Ich werde dich eine Unterweisung lehren, [so daß] du sagen kannst: ›Da ich Begehren und Haß aufgegeben habe, schließe ich die Pforte des Schoßes!‹ Höre also und präge es dir ein!

Ferner, da du die Pforte des Schoßes geschlossen hast, vergegenwärtige dir, daß du nun umkehren mußt! Jetzt ist die Zeit, da Herzensstärke und reiner Glaube nottut. Gib die Eifersucht auf und meditiere über den Lama als vereint mit der göttlichen Mutter!

Da es so heißt, wirst du wie vorher die Mutter begehren und den Vater hassen, wenn du als ein männliches Wesen geboren wirst. Und wenn du als ein weibliches Wesen geboren wirst, so wirst du den Vater begehren und die Mutter hassen. Es wird dir sein, als ob du Eifersucht empfändest. Für diese Zeit gibt es eine tiefe Unterweisung:

Sohn der Edlen, zu der Zeit, da dir in dieser Weise Haß und Begehren entsteht, meditiere so:

›Wehe, die Lebewesen, die wie ich durch solch schlechte Taten schon früher in der Wandelwelt umherirrten, irren auch nun darin umher, da sie Begehrlichkeit und Haß empfinden.‹ Wenn man noch in dieser Weise begehrt und haßt, dann wird man ohne Ende in der Wandelwelt umherirren müssen, und es besteht die Gefahr, für lange Zeit in dem Ozean des Leides zu versinken. Deshalb soll man von Grund auf weder begehren noch hassen. ›Wehe! Niemals will ich fortan begehren oder hassen‹, dies präge man voll Sammlung fest seinem Geist ein. In den Tantras heißt es, daß damit die Pforte des Schoßes verschlossen wird.

O Sohn der Edlen, sei nicht zerstreut, nimm deinen Geist in voller Konzentration zusammen! Wenn du bisher die Pforte des Schoßes nicht verschließen konntest und dabei bist, in den Schoß einzutreten, dann mußt du die Pforte des Schoßes mit dieser Unterweisung schließen, daß nämlich in Wahrheit nichts ein Sein hat [nichts *ist*], sondern eine Halluzination ist. In dieser Art meditiere:

›Wehe, Vater und Mutter, Regengüsse, Sturmböen, das Heulen, all diese Erscheinungen des Schreckens und der Furcht, die aufgehen, all diese Phänomene haben kein substantielles Sein, sondern gleichen einer Halluzination. Obwohl man sie wahrnimmt, kommt ihnen in Wahrheit kein Sein zu. Alle Phänomene sind in Wahrheit ohne Sein und [nur] ein Trug, eine optische Täuschung, sie sind nicht ewig oder beständig. Warum begehrt man sie? Warum hat man Furcht und Angst vor ihnen? Das Nicht-Existente sehe ich als existent, und doch ist alles nur eine Erscheinung des eigenen Geistes. Der Geist selbst ist eben wie eine Halluzination, seit Anfang ohne Sein. Wie sollte es da von außen herkommen? Da ich früher dergleichen nicht erkannt habe, hielt ich das Nichtexistente für existent, das Nichtwahre für wahr. Da ich das, was einer Halluzination gleicht, für wahr ansah, bin ich seit wie langer Zeit doch in der Wandelwelt umhergeirrt. Und wenn ich immer noch nicht [die Wahrheit] als Halluzination erkenne, dann muß ich weiterhin in der Wandelwelt umherirren, und gewiß gerate ich in den Sumpf mancherlei Leides. Dies alles ist wie ein Traum, eine Halluzination, ein Echo, die Stadt der Gandharven, eine Fata Morgana, ein Spiegelbild, eine optische Täuschung, das [Spiegelbild des] Mondes im Wasser. Nicht für einen Augenblick kommt ihnen in Wahrheit ein Sein zu. Gewiß, erfaßt man mit Sammlung, daß [die Phänomene] in Wahrheit nicht seiend sind, sondern Trug, dann wird das Festhalten an einem Sein aufgelöst. Prägt man dieses seinem Geist tief ein, dann wird das Festhalten an einem Ich beendet.‹

Wenn man es so von ganzem Herzen als Trug erkennt, wird die Pforte des Schoßes sicher verschlossen. Wird aber das Festhalten am Ich nicht aufgelöst, obwohl man so getan hat, und ist die Pforte des Schoßes nicht verschlossen worden und ist man dabei, in den Schoß einzutreten, dann gibt es hierfür doch [noch] eine tiefe Unterweisung:

Sohn der Edlen, wenn du die Pforte des Schoßes nicht verschließen konntest, obwohl du so getan hast, dann sollst du als fünftes über das Licht meditieren und damit die Pforte des Schoßes schließen. Die Art und Weise dieser Meditation ist folgendermaßen auszuführen: ›Alle Phänomene bestehen im Geist. Dieser Geist ist frei vom Werden und Vergehen, er ist die Leere.‹ Indem man so denkt, lasse man den Geist unbeeinflußt. So wie das Wasser im Wasser ruht, so ruhe der Geist in sich selbst, allein auf sein Wesen ausgerichtet, gelöst in seinem Dasein, entspannt, gelassen. Da [der Geist] unbeeinflußt, gelöst verharrt, wird ganz bestimmt und sicher der Zugang zur Pforte des Schoßes bei allen vier Arten der Geburt verschlossen. So meditiere immer wieder, solange [die Pforte des Schoßes] noch nicht verschlossen ist.«

7. Schlußwort

Bis jetzt sind viele wahre und tiefe Unterweisungen zum Schließen der Pforte des Schoßes vorgekommen. So ist es nicht möglich, daß irgendein Lebewesen, habe es beste, mittelmäßige oder beschränkte geistige Fähigkeiten, nicht befreit würde. Warum ist das so? 1. Da [das Lebewesen] im Zwischenzustand über ein unbeschränktes Hellsehen verfügt, kann es alles hören, was ich sage. 2. Auch wenn es [vorher] blind und taub war, so verfügt es jetzt doch über alle Sinnesfähigkeiten und kann daher verstehen, was ich sage. 3. Da es beständig von Furcht und Schrecken gejagt wird, achtet es ohne Zerstreuung der Gedanken darauf, was als Bestes [zu tun] sei. Deshalb hört es alles, was ich sage. 4. Da sein Bewußtsein ohne [materielle] Stütze ist, kann es ungehindert dorthin gelangen, wo es zu sein beabsichtigt, und so ist es leicht lenkbar. Da seine Achtsamkeit neunmal schärfer ist, so ist jetzt aufgrund seiner früheren Taten seine Geist-Natur viel klarer geworden, auch wenn [das Lebewesen] vorher dumm war. Daher hat es die Fähigkeit, all das zu betrachten, wozu es ermahnt wird. Dies sind die wesentlichen Gründe dafür. Aus diesen Gründen ist es gut, wenn man die Totenzeremonien ausführt. Deshalb ist es von größter Wichtigkeit, während der neunundvierzig Tage des Zwischenzustands die *Große Befreiung durch Hören im Zwischenzustand*[139] eifrig zu lesen. Auch wenn der Tote durch die eine Anleitung nicht befreit wird, so kann er doch durch eine andere die Befreiung erlangen. Dies ist der Grund, warum es mehr als nur einer einzigen Anleitung bedarf.

Es gibt viele Gruppen, die – obwohl sie die vorausgegangenen Anleitungen zur Einsicht gehört und so viele Erscheinungen erfahren haben – doch nicht die Befreiung erlangten, da sie nämlich kaum das Gute zu tun gewöhnt waren, sondern seit undenklichen Zeiten eine starke Neigung haben, das Üble zu tun, aufgrund der Schwere und Tiefe ihrer Verblendungen. Wenn deshalb diese die Pforte des Schoßes vorher nicht schließen konnten, dann will ich sie von nun an eine tiefe Unterweisung zum Schließen der

Pforte des Schoßes lehren. Man flehe die Buddhas und Bodhisattvas um Hilfe an und nehme zu ihnen Zuflucht. Wiederum rufe man den Toten dreimal bei seinem Namen und spreche:

»O Sohn der Edlen, der Tote N. N., so höre! Obwohl ich dich vorher gemäß der Unterweisung zur Einsicht anleitete, hast du sie nicht verstanden. Wenn du nun den Mutterschoß nicht verschließen kannst, dann ist wirklich die Zeit da, da du einen [neuen] Körper ergreifen wirst. Deshalb gibt es mehr als eine einzige echte und tiefe Unterweisung zum Schließen der Pforte des Schoßes. Vergegenwärtige sie dir, sei nicht zerstreut, sondern höre mit gesammelten Sinnen zu und präge sie dir ein!

Sohn der Edlen, erkenne doch, daß nun die Zeichen und Merkmale erscheinen, in welchem Kontinent du geboren werden wirst. So unterscheide, wo du geboren werden wirst und wähle [mit Bedacht] den Kontinent aus! Wenn du im östlichen Kontinent *Pūrvavideha* geboren werden wirst, siehst du einen See mit einem Schwanenpaar. Dort gehe nicht hin, sondern vergegenwärtige dir, daß du umkehren mußt! Denn wenn du dort geboren wirst, wirst du zwar Glück und Freude im Überfluß genießen, aber da in diesem Kontinent der Dharma nicht verbreitet ist, sollst du dort nicht eintreten. Wenn du im südlichen Kontinent *Jambūdvīpa* geboren werden wirst, wirst du reizvolle Paläste sehen. Wenn du [in ein neues Dasein] eintreten mußt, dann tritt hier ein. Wenn du im westlichen Kontinent *Aparagodānīya* geboren werden wirst, wirst du einen See mit einer Stute und einem Hengst sehen. Auch dorthin gehe nicht, kehre um! Da auch dies ein Kontinent ist, in dem zwar großer Wohlstand herrscht, aber der Dharma nicht verbreitet ist, sollst du dort nicht eintreten. Wenn du im nördlichen Kontinent *Uttarakuru* geboren werden sollst, dann wirst du einen See mit Rindern sehen oder einen See mit Wald umgeben. Dies erkenne als die Zeichen, daß du dort geboren wirst! Dort tritt aber nicht ein. Obwohl dort langes Leben und Wohlergehen herrschen, ist der Dharma dort nicht verbreitet, so tritt also nicht ein. Wenn du als Gott geboren werden wirst, wirst du reizvolle Tempel sehen, die aus verschiedenen Edelsteinen errichtet sind. Wenn es dir möglich ist, dort einzutreten, dann tritt ein! Wenn du als Asura geboren werden sollst, dann wirst du einen lieblichen Hain und etwas wie einen Feuerkreis erblicken. Dort tritt keinesfalls ein, sondern denke daran, daß du umkehren mußt! Wenn du als Tier geboren werden sollst, siehst du Höhlen und Schluchten wie im dichten Nebel. Auch hier tritt nicht ein! Wenn du als Hungergeist geboren werden wirst, siehst du Holzstücke, schwarz Aufragendes, eingestürzte Höhlen und schwarz Hingebreitetes. Gerätst du dorthin, bist du als Hungergeist geboren. Da du gar vielerlei Leid durch Hunger und Durst wirst erdulden müssen, gehe dort keinesfalls hin, sondern vergegenwärtige dir, daß du umkehren mußt! Fasse dir ein Herz! Wenn du als Höllenwesen geboren werden wirst, hörst du durch deine früheren üblen Taten Lieder und Gesänge, doch machtlos bist du genötigt, dorthin zu gehen, oder dir scheint es, als ob du finstere Gegenden, schwarze Häuser oder rote Häuser oder schwarze Erdlöcher oder schwarze Wege betreten würdest. Wenn du dorthin gehst, bist du in die Hölle geraten. Durch Hitze und Kälte wirst du unerträgliches Leid erdulden müssen, und du hast keine Möglichkeit, dem zu entkommen. Deshalb darfst du nicht unter diese Dinge gehen, keinesfalls darfst du dort hineingeraten, gib acht darauf! Da du die Pforte des Schoßes verschlossen hast, sei dir gewärtig, daß du umkehren mußt; so heißt es, und jetzt ist die Zeit gekommen, da dies nottut.

Sohn der Edlen, obgleich du nicht gehen willst, wirst du machtlos von hinten durch Folterknechte, nämlich deine [üblen] Taten, gehetzt. Ohnmächtig, nicht dorthin zu gehen, mußt du doch gehen. Von vorne zerren dich Folterknechte und Henker, und dir scheint es, als ob du vor Finsternissen, tobenden Stürmen, Kriegsgeheul, Schneeregen, heftigem Hagel und Schneestürmen davonliefst. In deiner Furcht suchst du nach einer Zuflucht, und du entkommst und verbirgst dich – wie vorher schon gesagt – in Palästen, felsigen Schlupfwinkeln, Erdhöhlen, Waldesdickicht oder in Lotosblüten, die sich über dir schließen. Dabei fragst du dich, ob sie dich hier herausholen können. ›Wenn sie mich von hier herausholen, ist alles vorbei‹, denkst du, und im Zweifel, ob du sie loswerden kannst, klammerst du dich an diesen Ort. Wenn sie dich hier herausholen, fürchtest du, daß dich die Ängste und Schrecken des Zwischenzustands treffen. So empfindest du Angst und Furcht davor und verbirgst dich im Innern [dieser Schlupfwinkel]. Dadurch ergreifst du einen vorher nicht dagewesenen schlechten Körper, und du wirst verschiedenartiges Leid erdulden müssen. Dies ist ein Zeichen, daß die Teufel und Dämonen [dein Entkommen] unmöglich machen.

Da es für diese Zeit eine tiefe Unterweisung gibt, höre zu und präge sie dir ein! Zu der Zeit, da dich die Folterknechte bis zur Hilflosigkeit jagen oder da Furcht und Schrecken dir erscheinen, bringe unmittelbar eine furchterregende, zornige Gottheit in dir zur Entfaltung, die alle Arten von Bedrohung zunichte macht, vollende sie in einem Augenblick, wie z. B. den Erhabenen Che-mchog Heruka oder Hāyagrīva oder Vajrapāni, oder wenn du einen *Yi-dam* hast, [vollende] dessen große Gestalt deutlich mit allen Gliedern. Durch ihren Segen und ihr Mitleid wirst du die Folterknechte los, und du hast die Kraft, die Pforte des

Schoßes zu schließen. Da diese Unterweisung von tiefem und echtem Inhalt ist, präge sie dir ein!

Sohn der Edlen, ferner werden die himmlischen Götter usw. durch die Kraft ihrer Meditation geboren. Der größte Teil der Gattungen der Dämonen, wie der Hungergeister usw., verändern bereits im Zwischenzustand ihre Gemütskräfte[140], und so haben die Wesen der Hungergeister, Teufel und Dämonen die Kraft zu vielerlei Verwandlungen. Da sie zu einem Geist-Wesen[141] wurden, erscheinen sie dir. Die im Meer und in den Lüften hausenden Hungergeister, die achttausend Arten von Gespenstern, sie alle verwandelten ihre Gemütskräfte zu eben diesem Geist-Wesen und erscheinen dir so. Das Beste ist, sich zu dieser Zeit den Sinn des Großen Siegels[142], die Leere, zu vergegenwärtigen. Gelingt dies nicht, dann meditiere man über die Illusion, die der Charakter [der Welt] ist. Gelingt dies nicht, dann lasse man den Geist an gar nichts sich klammern, sondern meditiere über den *Yi-dam* als den Großen Mitleidsvollen, und man wird im Zwischenzustand das Sein eines Buddha vollkommenen spirituellen Mitteilens erreichen.

Sohn der Edlen, wenn du nun durch die Macht deiner Taten in den Schoß eintreten mußt, dann werde ich dich eine weitere Unterweisung zum Schließen der Pforte des Schoßes lehren. Höre zu! Welcher Schoß auch dir erscheinen mag, gehe nicht in ihn ein! Wenn die Folterknechte kommen und du fliehen mußt, dann meditiere über [die Gottheit] Hāyagrīva!

Da du nur über ein wenig Hellsicht verfügst, erkennst du der Reihe nach alle Orte. So wähle mit Bedacht aus, wo du hingehst! Es gibt zwei Unterweisungen zum Auswählen der Pforte des Schoßes, um entweder im Reinen Gefilde eines Buddha geboren zu werden oder in einem Schoß der unreinen Wandelwelt. Handle folgendermaßen: Die scharfe Sinne haben, werden in himmlischen Welten geboren. Deshalb sammle dich ganz und gar in dieser Weise: ›Wehe, seit wie langer Zeit, seit zahllosen, unermeßlichen, anfanglosen Weltzeitaltern bin ich bis heute im Sumpf der Wandelwelt versunken und so elend. Wie viele der früheren [Lebewesen] erreichten die Erleuchtung, während ich bis heute die Befreiung nicht erlangt habe, o weh! Von nun an werde ich mich voll Widerwillen von der Wandelwelt abwenden, werde sie von Herzen fürchten und dauernd ablehnen.‹ Da nun du dabei bist zu entfliehen, bedenke, daß du in einer Lotosblüte auf übernatürliche Weise geboren werden mußt, und zwar im Westlichen Gefilde, das Glückselige genannt[143], zu Füßen des Buddha Amitābha. Liebe es, dich voll Hingabe in das Westliche Gefilde, das Glückselige zu versenken! Oder konzentrierte dich auf das jeweils von dir ersehnte Reine Gefilde, wie das Ganz Reine[144] oder Hohes Glück[145] oder Dicht-Gefügt[146] oder das Weidenblättrige[147] oder Potala-Berg[148] oder auf den Lichtpalast Padmasambhavas[149], zu dessen Füßen; dabei sei nicht zerstreut! Unmittelbar darauf wirst du in diesem Reinen Gefilde geboren werden. Wenn du aber wünschst, zu Maitreya ins Tushita-Paradies zu gelangen, dann mußt du gesammelten Sinnes denken: ›Jetzt ist für mich hier im Zwischenzustand die Zeit gekommen, da ich zum Gesetzeskönig Ajita (d. i. Maitreya) im Tushita-Paradies gehen möge!‹ Und schon wirst du in übernatürlicher Weise aus einer Lotosblüte zu Füßen Maitreyas erstehen. Ferner, wenn dies nicht möglich ist, oder aber du möchtest gerne in den Schoß eintreten, oder du mußt eintreten, dann gibt es eine Unterweisung, um die Pforte des Schoßes zur unreinen Wandelwelt [zu vermeiden]. So höre! Wie vorher, laß dir auch in bezug auf den Kontinent, [in dem du deine Geburt suchst] raten! Mit deiner [Gabe der] Hellsicht kannst du ihn sehen, und so tritt ein, wo der Dharma verbreitet ist. Wirst du auf übernatürliche Weise in einem Morast unreiner Dinge entstehen, werden die unreinen Klumpen dir eine Empfindung von Wohlgeruch vermitteln, du wirst dich danach sehnen und in dieser Weise geboren werden. Deshalb sollst du dieses und was immer dir erscheinen mag, nicht als solches (nämlich Angenehmes) empfinden und weder Äußerungen von Begehren oder Haß zeigen. Laß dir zu einer reinen Pforte des Schoßes raten! Es ist wichtig, daß du konzentriert bist und folgendes denkst:

›Wehe, möchte ich doch zum Heile aller Lebewesen als weltbeherrschender König[150] oder in einem Brahmanengeschlecht, gleich einem großen Sāla-Baum oder als Sohn eines tantrischen Mystikers (Siddha) oder in einer Familie mit einer unverfälschten religiösen Tradition oder in einer Familie, deren Eltern voll gläubigem Vertrauen in den Dharma sind, geboren werden! Möge ich doch Sinnvolles tun können, einen Körper erlangen, der mit dem Vorzug ausgestattet ist, zum Heile aller Lebewesen tätig sein zu können.‹

Ganz auf diese Gedanken gesammelt, tritt in den Schoß ein. Gerade zu der Zeit, da du in den Schoß eintrittst, flehe alle Buddhas und Bodhisattvas in den zehn Himmelsrichtungen an, die göttlichen *Yi-dam* und insbesondere den Herrn des Großen Mitleids, eben diesen [Schoß] gleich einem Götterpalast zu segnen, und erbitte inbrünstig von ihnen tantrische Weihen[151]. So tritt in den Schoß ein.

Da aber beim Anraten einer [geeigneten] Pforte des Schoßes die Gefahr eines Irrtums besteht, weil du nämlich durch die Kraft deines Karmas die Pforte eines reinen Schoßes als schlecht ansiehst und den schlechten für gut erachtest, so also die Gefahr des Irrtums besteht, kommt zu dieser Zeit dem Sinn des Rates große Bedeutung zu. So handle folgendermaßen! Sobald dir die Pforte eines reinen Schoßes erscheint, verlange nicht nach ihm! Und sobald du einen schlechten siehst, verachte ihn nicht! Ohne den guten [Schoß] haben zu wollen und den schlechten abzulehnen, sollst du frei von Verlangen und Haß in einer Stimmung großen Gleichmuts eintreten. Dies ist der tiefe und wahre Sinn davon!«

Mit Ausnahme einiger weniger, die eine [ausreichende spirituelle] Erfahrung haben, ist es schwer, bei den üblen Neigungen, [die] wie Reste einer Krankheit [sich festsetzen], in dieser Art sich von Verlangen und Hassen frei zu machen, und es gilt zu verhindern, daß [der Tote] zu den Unfähigsten und Übelsten, die den Tieren gleichen, Zuflucht nimmt. Deshalb rufe man den Toten wieder bei seinem Namen und spreche folgendes:

»Sohn der Edlen, zwar kennst du den Rat bezüglich der Pforte des Schoßes, aber da du von Verlangen und Haß dich nicht freimachen konntest, sollst du den Namen der Drei Kostbarkeiten aussprechen, was immer dir von den früheren Erscheinungen auch aufsteigen mag! Nimm Zuflucht [zu den Drei Kostbarkeiten]! Flehe den Großen Mitleidsvollen an! Aufrechten Hauptes gehe weg! Erkenne doch wahrlich den Zwischenzustand! Höre auf, die hinterbliebenen Nächsten, deine Söhne und Töchter, die dir in Liebe Verbundenen, zu lieben oder zu hassen. Denn solches ist nicht zu deinem Heil! Jetzt verweile im blauen Licht der Menschen[welt] und im weißen Licht der Götter[welt]. Verweile in den Palästen aus Juwelen und den Lusthainen.«

Solches erkläre man [dem Toten] bis zu siebenmal. Dann flehe man diese Buddhas und Bodhisattvas an. Dann lese man bis zu siebenmal [die folgenden Gebete]: *Schutz vor den Schrecken des Zwischenzustands*[152], *Grundlegende Wor-*

te für den Zwischenzustand[153], *Befreiung aus dem Abgrund des Zwischenzustands*[154]. Dann lese man mit klarer Stimme die Texte: *Befreiung durch Tragen*[155], *Befreiung der Daseinskonstituenten*[156], sowie *Religiöse Praxis zur Befreiung der latenten Neigungen*[157].

Yogis von hohem Intellekt, die in dieser Weise vorgehen, werden im Augenblick des Todes ihr Bewußtsein übertragen, und so brauchen sie nicht in den Zwischenzustand eintreten, sondern erlangen die Befreiung, indem sie in den sublimen Seinsgrund eingehen. Einige Lebewesen, die unter diesen stehen, aber eine gewisse spirituelle Erfahrung haben, gelangen nach dem Zwischenzustand der Todesstunde zu tiefer Einsicht in das Licht des Wahren Seins. Da sie unter den Buddhas in ihrer alldurchdringenden Universalität stehen, gehen ihnen im Zwischenzustand des Wahren Seins, während der sieben aufeinanderfolgenden Tage die Erscheinungen der friedvollen und schreckenerregenden Gottheiten auf. Zu dieser Zeit erlangen – aufgrund der Ausstrahlung ihrer [früheren] Taten und besonderer Fähigkeiten – einige die Befreiung, einige nicht. Da es viele Wege [zur Befreiung] gibt, wird befreit, wer den ihm gemäßen Weg wahrlich erkennt. Jene aber, deren Taten nur eine schwache Ausstrahlung besitzen und die viele üble und unheilvolle Taten begangen haben, müssen weiter hinunter in den Zwischenzustand des Werdens wandern. Da es ferner nicht nur eine Art der Anleitung zur Einsicht gibt, sondern sie gleich den Stufen einer Treppe sind, gelangen einige zur Einsicht und werden befreit, andere nicht. Jene aber, deren Taten nur ganz geringe Ausstrahlung haben, werden, ohne [die Wahrheit] zu erkennen, in Angst und Schrecken geraten.

Aber da es, gleich wie Stufen, viele Unterweisungen zum Schließen der Pforte des Schoßes bzw. zum Wählen des rechten Schoßes gibt, werden einige [die Wahrheit] erkennen, andere sie nicht erfassen.

Wer die Erscheinungen [richtig] erfaßt, der hat den unendlichen Vorzug, einen hohen Ort [zur Wiedergeburt zu erlangen]. Selbst die Allerletzten, die gleich den Tieren sind, werden sich [einer Wiedergeburt] in den üblen Daseinsbereichen widersetzen können, da sie ja Zuflucht [zu den Drei Kostbarkeiten] genommen haben. Und da sie den alle Möglichkeiten bietenden menschlichen Körper erlangen, können sie im zukünftigen Leben einen Lama und spirituellen Ratgeber[158] aufsuchen, Unterweisung erlangen und so befreit werden. Wendet man diese Lehre im Zwischenzustand des Werdens an, dann wird die Ausstrahlung der guten Taten verbessert, so wie ein am Grund zerstörter Wasserkanal durch das Einsetzen einer Röhre [eine verbesserte Wirkung zeigt]. So lautet diese Unterweisung! So ist es nicht möglich, daß irgend jemand, der diese Lehre hört, auch wenn er ein großer Übeltäter wäre, nicht befreit würde.

Wie kommt es dazu? Auf zweierlei Weise wird [der Tote] im Zwischenzustand empfangen: durch das Mitleid der mächtigen, friedvollen und schreckenerregenden Götter und durch die üblen Geister und durch Hindernisse. Da man zu dieser Zeit diese Lehre hört, verändern sich die Erscheinungen, und man erlangt die Befreiung. Ferner, da [der Tote] keine Stütze von Fleisch und Blut hat, sondern ein Geist-Wesen ist, kann er sich leicht bewegen. Wenn er auch weit entfernt im Zwischenzustand umherirrt, so kann er aufgrund seiner geringen Hellsicht [uns] doch sehen und hören. Da er mit seinem Gedächtnis [diese Lehre] erfassen und so seine Gedanken in einem Augenblick verändern kann, ist sie für ihn von großem Nutzen. Beispielsweise ist [diese Lehre] einer Schleudermaschine oder einem riesigen, nicht von hundert Männern zu bewegendem Baumstrunk zu vergleichen, der aber im Nu an jede gewünschte Stelle zu leiten ist, wenn er sich im Wasser befindet. Es ist ähnlich wie mit einem Pferd, das durch den Zügel gelenkt wird. Deshalb gehe man zu allen Toten, und wenn die Leiche da ist, soll ein Freund, solange aus den Nasenlöchern weder Blut noch Serum austritt, immer wieder klar und deutlich [diese Lehre] vorlesen. Solange darf die Leiche nicht bewegt werden. Bei diesen Verpflichtungen, [die aus dem Vollzug des Rituals resultieren] darf kein Lebewesen getötet werden, um es dem Toten zu widmen. Wer immer bei der Leiche ist, seien es Verwandte oder Freunde, so darf keiner von ihnen weinen, wimmern oder trauern, keiner darf wehklagen. Vielmehr soll man Gutes tun, soviel man kann.

Ferner soll man diese Lehre der *Befreiung durch Hören im Zwischenzustand* sowie alle Arten von Dharma, die irgendwann verkündet wurden, im Anschluß an diesen Leitfaden lesen, denn es ist sehr gut, dieses vorzutragen. So lese man diesen [Text] fortwährend. Sowohl die Bedeutung der Wörter wie die Begriffe soll man üben, sich zu merken. Denn zur Zeit, da der Tod gewiß ist und man die Zeichen des Todes erkennt, soll man [diesen Text] selbst lesen und im Herzen betrachten, sofern die körperliche Kondition es zuläßt. Läßt sie es nicht zu, beauftrage man einen Freund, das Buch zu lesen und klar vorzutragen. Darob wird man ohne jeden Zweifel die Befreiung erlangen. Dies ist eine Lehre, die nicht der vollendeten Übung bedarf, sondern eine, die beim Lesen befreit, beim Hören befreit, denn tief ist die Unterweisung, die durch Lesen zur Befreiung führt. Dies ist die tiefe Unterweisung, die auch große Übeltäter auf den geheimen Weg [der tantrischen Vollendung] führt. Selbst wenn sieben Hunde einen jagen, darf man die Worte und Begriffe [dieser Unterweisung] nicht vergessen, denn dies ist die Unterweisung, um im Augenblick des Todes die Erleuchtung zu gewinnen, eine Lehre, wie sie besser auch die Buddhas der drei Zeiten nicht finden könnten. Dies ist die Quintessenz der *Befreiung durch Hören im Zwischenzustand*[159], das für den Zwischenzustand einen unterweist und die Wesen zur Befreiung führt.

Kolophon:
Dies ist ein Schatztext[160], den der Siddha Karmalingpa aus dem Berg Gompodar herausgenommen hat. Dies möge der Lehre und allen Wesen zum Heile gereichen! Allen sei Glück!

ANHANG

ANMERKUNGEN

Anmerkungen zur Einführung

1. Mircea Eliade, *Mythologies of Death*. In: *Occultism, Witchcraft and Cultural Fashions*, Chicago 1976, S. 32 ff.
2. Tib. Bar-do thos-grol.
3. Vgl. D. S. Ruegg, *La Théorie du Tathāgatagarbha et du Gotra*. Paris 1969, S. 245–393.
4. E. G. Parrinder, *God in African Mythology*. In: *Myths and Symbols, Studies in Honor of Mircea Eliade*, ed. by J. M. Kitagawa and Ch. H. Long, Chicago, 2. Aufl. 1971, S. 117.
5. H. v. Glasenapp, *Der Hinduismus*. München 1922. S. 49; Heinrich Zimmer, *Altindisches Leben*. Hildesheim 1973 (Repr.), S. 410 f.
6. Tib. gzhi'i od-gsal.
7. Aṅguttara-Nikāya 1.6.
8. *The Laṅkāvatāra-Sūtra*, transl. by Daisetz Teitaro Suzuki. London 1966 (Repr.) S. 68 f.
9. E. Conze, *Prajñāpāramitā-Literature*. La Haye 1960, S. 9 ff. Weitere, vielfältige Angaben finden sich bei D. S. Ruegg, *La Théorie du Tathāgatagarbha et du Gotra*. Paris 1969, S. 411 ff. Diesem Werk wurden auch oben genannte Stellenzitate entnommen.
10. Vgl. P. Poucha, *Das tibetische Totenbuch im Rahmen der eschatologischen Literatur*. In: *Archiv Orientalni*, 1952, S. 144 ff.
11. E. A. Wallis Budge, *The Book of the Dead*. 2 vols. London 1913.
12. Z. B. Majjhima-Nikāya Nr. 28 und 109; Samyutta-Nikāya 22.
13. Skr. skandha, tib. phung-po.
14. E. Frauwallner, *Die Philosophie des Buddhismus*. Berlin 3. Aufl. 1969, S. 64 f.
15. Übersetzt von L. de La Vallée Poussin, *L'Abhidharmakośa de Vasubandhu. Mélanges Chinois et Bouddhiques, vol.* XVI. Brüssel 1971.
16. Skr. aṇtarābhava, tib. bar-do.
17. Übersetzung in Anlehnung an E. Frauwallner, op. cit., S. 78.
18. Samyutta-Nikāya 37.20; Dīgha-Nikāya III 237.

19. Ed. by Nalinaksha Dutt, *Bodhisattvabhūmi*. Patna 1966, S. 269.
20. *La Siddhi de Hinan-tsang*, trad. et annoté par L. de La Vallée Poussin. Paris 1928, tome 1, S. 191, 200, 358, 401.
21. Tib. sgyu-lus, bzw. yid-lus.
22. Tib. gter-ma.
23. Tib. gter-ston.
24. Eva Neumaier, *Einige Aspekte der gter-ma Literatur*. In: ZDMG Suppl. I (Wiesbaden 1969), Teil 3, S. 849–862.
25. Rin-chen-gter-mdzod.
26. Maṅi-bka'-'bum.
27. rNying-ma-pa.
28. Vgl. G. Tucci in Tucci-Heissig, *Die Religionen Tibets und der Mongolei*. Berlin 1970, S. 17 ff., und E. Dargyay, *The Rise of Esoteric Buddhism in Tibet*. Delhi 1977, S. 4 ff.
29. Tib. rDzogs-chen.
30. Karma-gling-pa.
31. sGom-po gdar.
32. Zab-mo'i gter dang gter-ston grub-thob ji-ltar-byon-pa'i lo-rgyus mdor-bsdus bkod-pa rin-chen-bai-du-rya'i-phreng.
33. kLu'i-rgyal-mtshan.
34. Cog-ro.
35. Nyi-zla-sangs-rgyas.
36. Khyer-grub.
37. Dvags-po.
38. Zhi-khro dgongs-pa-rang-grol.
39. Thugs-rje-chen-po-padma-zhi-khro.
40. sGam-po-gdar = sGom-po-gdar.
41. Nyi-zla-chos-rje.
42. kLu'i-rgyal-mtshan von Cog-ro.
43. In: *Tibetan Tripitaka Peking Edition*, ed. by D. T. Suzuki. Tokyo-Kyoto 1956, vol. 22, no. 760.5.
44. Khri-srong-lde-btsan (676–704 n. Chr.).
45. E. Dargyay, *The Rise of Esoteric Buddhism in Tibet*. Delhi 1977, S. 57.
46. rNying-ma-pa.
47. bKa'-brgyud-pa.
48. dGe-lugs-pa.
49. Bon-po.
50. Bar-do-thos-grol-chen-mo.
51. Zhi-khro dgongs-pa rang-grol.
52. Kar-gling zhi-khro.
53. Zhi-khro bka'-'dus.
54. O-rgyan-gling-pa. S. Dargyay, op. cit., S. 124.

55. Padma-brtsegs.
56. Yar-lung-shel-brag.
57. Zu der bedeutenden Rolle, die dieser Meister bei der Formung der Schule der Alten in Tibet spielte, s. E. Dargyay, *The Rise of Esoteric Buddhism in Tibet,* Delhi 1977, S. 18 ff.
58. W. Y. Evans-Wentz, *The Tibetan Book of the Dead.* London 1927.
59. G. Tucci, *Il libro Tibetano dei Morti (Bardo Tödöl).* Milano 1949, 2. Aufl. Torino 1972.
60. F. Fremantle and Chögyam Trungpa, *The Tibetan Book of the Dead.* Berkeley 1975.
61. *A Standard System of Tibetan Transcription.* Harvard Journal of Asiatic Studies 22, 1959, S. 261–67.

Anmerkungen zum Beitrag »Der Bardo-thödol und seine Bedeutung für das religiöse Leben Tibets« von Gesche Lobsang Dargyay

1. Tib. bka'-ma.
2. Tib. gter-ma.
3. Tib. 'pho-ba.
4. Tib. rigs-lnga.
5. Original-Titel: *Man-ngag snying-gi dgongs-pa rgyal-ba'i bka' zhes-pa'i rgyud,* S. 345, enthalten im Sammelwerk *rNying-ma'i rgyud-'bum,* vol. V.
6. Original-Titel: *Rin-po-che'i 'phags-lam-bkod-pa'i rgyud,* S. 170, in: *rNying-ma'i rgyud-'bum,* vol. IV.
7. Original-Titel: *'Pho-ba-dran-pa-rang-grol.*
8. Skr. abhiṣeka, tib. dbang-bskur.
9. Tib. sku-gsum.
10. Tib. Begriff hierfür: rab chos-sku lta-ba rgyas-'debs-kyi 'pho-ba.
11. Skr. dharmadhātu, tib. chos-dbyings.
12. Tib. Begriff hierfür: 'bring longs-sku bskyed-rdzogs zung-'jug-gi 'pho-ba.
13. Tib. Begriff hierfür: tha-ma sprul-sku 'du-shes gsum-ldan-gyi 'pho-ba.
14. Dieser Traktat ist in dem zweibändigen Werk *sNying-thig pod-gnyis,* tib. Blockdruck des gNas-chung Grva-tshang, enthalten. Der Original-Titel lautet: *kLong-chen snying-thig-le-las: 'pho-ba ma-*

bsgoms sangs-rgyas, S. 1, 4 ff. Der Verfasser ist 'Jigs-med-gling-pa.

15. Original-Titel: *mGon-po 'od-dpag-med-la brten-pa'i 'pho-khrid*, S. 354–369, enthalten in: *The Collected Works of Gung-thang dKon-mchog-bstan-pa'i-sgron-me* (GSMGS vol. 38), ed. by N. Gelek Demo, New Delhi 1975.
16. Sanskrit-Titel: *Ārya-amitābha-vyūha-nāma-mahāyāna-sūtra*, tib. Titel: *'Phags-pa 'od-dpag-med-kyi bkod-pa shes-bya-ba theg-pa-chen-po'i mdo*, in: *Tibetan Tripitaka* – Peking Edition, Reprint Tokyo-Kyoto 1956, vol. 22. S. 110–126.
17. Tib. 'og-min.

Anmerkungen zur Übersetzung

1. Zab-chos zhi-khro dgongs-pa rang-grol-las/ chos-nyid bar-do'i gsol-'debs thos-grol-chen-mo bzhugs-so//
2. 'Pho-ba-dran-pa-rang-grol.
3. Chi-ltas-mtshan-ma-rang-grol.
4. Bar-do'i smon-lam 'jigs-skyobs.
5. Bar-do'i 'phrang-sgrol.
6. Bar-do'i rtsa-tshig.
7. Tib. rnam-shes-kyi phung-po.
8. Thos-grol-chen-mo.
9. Skr. prāṇa, tib. rlung.
10. Der Körper liegt auf der rechten Seite, den rechten Arm leicht angewinkelt und unter die Wange geschoben. Die Beine sind dabei ausgestreckt bzw. leicht angewinkelt. Diese Körperhaltung ist buddhistischen Mönchen beim Schlafen angeraten, der Buddha verläßt in dieser Haltung die Erde und geht ins vollständige Nirvāṇa ein.
11. Diese Stelle ist im Tibetischen schwer verständlich. Die Übersetzung folgt der Erklärung von Gesche Lobsang Dargyay. Ein Pressen der Arterien durch den Lama konnte er niemals in Tibet beobachten.
12. Skr. bodhicitta, tib. sems-bskyed.
13. Skr. mahāmudrā, tib. phyag-rgya-chen-mo. Ganz vereinfacht bedeutet dieser Ausdruck, daß das Fehlen eines Ichs, die Vergänglichkeit und Leidhaftigkeit als Siegel allen Phänomenen der Welt aufgeprägt ist.
14. Akademischer Titel, vergleichbar dem Doctor theologiae, tib dge-bshes.

15. Tib. ngo-bo.
16. Weibl. Buddha, der die höchste Form der Wirklichkeit vergegenwärtigt.
17. Tib. sangs-rgyas-kyi dgongs-pa. Der Begriff Andacht soll hier etwa im Sinne Heideggers als »das unablässige, gesammelte Bleiben bei« dem Objekt der Andacht verstanden werden, um eine Ahnung des Ungeschaffenen Buddha aufsteigen zu lassen. (*Hist. Wörterbuch der Philosophie*. Hrsg. von J. Ritter. Darmstadt 1971, S. 295).
18. Tib. rdzogs-rim.
19. Tib. bskyed-rim.
20. Tib. Yi-dam.
21. Tib. sgyu-lus; ein nicht-materieller Leib, der aus einer Sublimierung der Gestalt-Konstituente beim Tode hervorgeht und die geistige Kontinuität zwischen den aufeinanderfolgenden Existenzen ermöglicht.
22. Tib. yid-kyi-lus.
23. Chos-nyid bar-do'i ngo-sprod chen-mo.
24. Nur der 1., 4., 5. und 6. Zwischenzustand finden nach dem Tod statt. Der erste bezeichnet die embryonale Phase, der vierte wurde in Teil I bereits behandelt, der fünfte ist der, mit dem sich der Text eben befaßt, der sechste ist der Zwischenzustand des Werdens, der in Teil III besprochen wird. Hierbei wird durch das Wort »Abhängigkeit« auf die Empfängnis hingewiesen, die durch die Faktoren des Entstehens in Abhängigkeit (pratītyasamutpāda) geschieht.
25. Tib. yid-kyi-lus.
26. Tib. 'khor-ba, saṃsāra.
27. Ru-log; in den gängigen Wörterbüchern nicht enthalten. Übersetzung folgt den Erklärungen der rNying-ma-pa und bKa'-brgyud-pa.
28. Tib. thig-le-bdal-ba.
29. Tib. yum.
30. Tib. chos-kyi-dbyings-kyi ye-shes.
31. Tib. rigs-drug, skr. ṣadgati, dies sind: Götter, kämpfende Götter, Menschen, Tiere, Hungergeister, Höllenwesen.
32. Tib. 'ja'-'od.
33. Tib. stug-po-bkod-pa.
34. Tib. longs-spyod-rdzogs-pa'i sangs-rgyas.
35. Tib. mngon-par-dga'-ba.
36. Tib. me-long lta-bu'i ye-shes.
37. Tib. 'od-kyi klong.
38. Tib. mnyam-pa-nyid-kyi ye-shes.

39. Tib. byar-med.
40. Tib. yi-dvags, skr. preta.
41. Tib. bde-ba-can, skr. Sukhāvatī.
42. Tib. so-sor rtogs-pa'i ye-shes.
43. Tib. rab-brtsegs-pa wohl für las-rab-rdzogs-pa, wie am Ende dieses Abschnittes steht.
44. Tib. bya-ba-grub-pa'i ye-shes.
45. Tib. rab-rdzogs-pa, Variante zu rab-brtsegs-pa und las-rab-rdzogs-pa.
46. Skr. pañcatathāgata.
47. Tib. rigs-lnga yab-yum.
48. Tib. thig-le-brdal-ba.
49. Tib. mngon-par-dga'-ba.
50. Tib. dpal-ldan-pa.
51. Tib. bde-ba-can.
52. Tib. las-rab-rdzogs-pa.
53. Wörtlich in den 4 Himmelsrichtungen und der Mitte deines Herzens.
54. Tib. cha-'dzin-pa = dpang-po, Chos-grags Dict.
55. Tib. chos-kyi-dbyings-kyi ye-shes.
56. Wörtlich: die weder Grenzen noch eine Mitte haben.
57. Tib. me-long-lta-bu'i ye-shes.
58. Tib. mnyam-pa-nyid-kyi ye-shes.
59. Tib. so-sor-rtogs-pa'i ye-shes.
60. Tib. bya-ba grub-pa'i ye-shes.
61. Tib. rig-pa'i ye-shes.
62. Tib. rang-ngo shes-pa.
63. Tib. rig-'dzin.
64. Dag-pa'i mkha'-spyod.
65. Padma-gar-gyi-dbang-phyug.
66. Sa-la-gnas-pa.
67. Tshe-la-dbang-pa.
68. Tib. phyag-rgya-chen-po.
69. Lhung-gi-grub-pa.
70. Tib. zhi-lpags = mi-lpags, Chos-grags Dict.
71. Tib. dag-pa lhan-cig-skyes-pa'i ye-shes.
72. Tib. chos.
73. Tibetischer akad. Titel (tib. dGe-ba'i bshes-gnyen), etwa dem Doctor theologiae entsprechend.
74. Thos-grol-chen-mo.
75. Tib. 'chi-kha'i bar-do.
76. Tib. chos-nyid zhi-ba'i bar-do.
77. Skr. vinaya.

78. Tib. gnyis-su-med-pa.
79. Tib. bskyed.
80. Tib. rdzogs.
81. Thos-grol-chen-mo.
82. Tib. rdzogs-pa-chen-po.
83. Skr. mahāmudrā, tib. phyag-rgya-chen-po.
84. Tib. chos-nyid bar-do.
85. Tib. srid-pa'i bar-do.
86. Tib. sprul-sku.
87. bTags-sgrol.
88. Damit ist ein Kultobjekt gemeint, das die Form einer kreisförmigen Stufenpyramide hat und ein Abbild des Kosmos ist. Es ist nicht das religiöse Diagramm gemeint, das unter dem gleichen Namen bekannt wurde.
89. Tib. khro-bo'i bar-do.
90. Der tib. Text gibt dafür das Fremdwort bhāṇḍha.
91. Ein tantrisches Szepter mit drei Menschenschädeln gekrönt.
92. Phra-min-ma.
93. dBang-phyug-ma.
94. Nämlich im Zwischenzustand.
95. Phra-men-ma.
96. Phra-mo.
97. Evans-Wentz faßt den tib. Begriff yul hier als Bezeichnung der Himmelsrichtungen auf. Diese acht Gottheiten werden auch in anderen Texten mit Raum und Zeit verquickt, obschon die Angaben keine klare Interpretation des implizierten Sinnes zulassen. (Eva Neumaier, bka'-brgyad raṅ-byuṅ-raṅ-šar, ein rJogs-Č'en Tantra. In: ZDMG 1970, 156).
98. Phag-gdong-ma.
99. Seng-gdong-ma.
100. sBrul-gdong-ma.
101. Tib. chos-nyid bar-do.
102. Tib. yid-kyi-lus, wtl. Geist-Leib.
103. Wörtlich: »fehlt dir die Grundlage zum Sterben«, nämlich ein Körper.
104. Tib. dngos-su grub-pa med.
105. Tib. chos-nyid.
106. Oṃ maṇi-padme hūṃ, die Formel zur Anrufung Avalokiteśvaras.
107. Skr. samādhi.
108. Tib. srid-pa bar-do.
109. Tib. 'chi-ka'i bar-do.
110. Tib. bskyed-rdzogs.

111. Tib. chos-nyid bar-do.
112. Tib. mtshan-med-pa. Dies sind Vater- und Muttermord. Tötung oder Verletzung eines Buddha. Tötung eines Arhat, Entzweiung des Saṅgha.
113. Nachfolgender Satz findet sich nicht in dem indischen Neudruck.
113a. Karma-gling-pa; sGam-po-gdar; gSer-ldan.
114. Tib. srid-pa bar-do.
115. Tib. sngon-'byung srid-pa'i sha-gzugs-can.
116. Zab-chos zhi-khro dgongs-pa rang-grol.
117. Thos-grol-chen-mo.
118. Tib. rdzus-skyes.
119. Tib. 'dzin-med byar-med.
120. Tib. nyon-mongs.
121. Tib. sgom-med-par.
122. Skr. mahāmūdrā.
123. Tib. lha.
124. Tib. 'dre.
125. Beide Textausgaben lesen hier 'ching: »binden, fesseln«, das ich jedoch zu 'chi: »sterben« korrigieren möchte.
126. Tib. mtshan-ma-med.
127. Skr. dharmakāya; tib. chos-sku.
128. Tib. ngo-bo-nyid-kyi sku.
129. Tib. sprul-pa'i sku.
130. Tib. sku bzhi.
131. Dies wird im 24. Kapitel des *Saddharma-puṇḍarīka-Sūtra* ausführlich begründet (*Sacred Books of the East,* ed. by Max Müller, vol. XXI., *The Saddharma-Puṇḍarīka or The Lotus of the True Law.* transl. by H. Kern. Delhi 1968, Repr., S. 406 ff.
132. Tib. byams-pa sgoms.
133. Tib. sgyu-lus.
134. Tib. spros-bral.
135. Bar-do rtsa-tshig.
136. Tib. ru-log, ein bisher nicht in den Wörterbüchern belegter Begriff. Die Übersetzung versucht den Begriff anhand seiner Verwendung im Schrifttum der rNying-ma-pa Schule und nach den Erklärungen der bKa'-brgyud-pa zu umschreiben.
137. Bar-do-thos-grol.
138. Tib. lhan-cig skyes-pa'i dga'.
139. Bar-do thos-grol chen-mo.
140. Skr. saṃskāra.
141. Tib. yid-lus.
142. Skr. mahāmudrā.
143. Skr. sukhāvatī.

144. Tib. rnam-par-dag-pa.
145. Tib. mngon-par-dga'-ba.
146. Tib. stug-po-bkod-pa.
147. Tib. lcang-lo-can-ma.
148. Tib. ri-bo-ta-la.
149. Tib. padma-'od-kyi-gzhal-yas.
150. Skr. cakravartin.
151. Skr. abhiṣeka.
152. Bar-do'i smon-lam 'jigs-skyobs.
153. Bar-do'i rtsa-tshig.
154. Bar-do'i 'phrang-sgrol.
155. brTags-sgrol.
156. Phung-po rang-grol.
157. Chos-spyod bag-chags rang-grol.
158. Tib. dge-ba'i bshes-gnyen.
159. Bar-do thos-grol chen-mo.
160. Tib. gter-ma; sGom-po-gdar.

GLOSSAR

Dieses kurze Glossar ist für Leser gedacht, denen diese Schlüsselbegriffe buddhistischen Denkens noch nicht vertraut sind. Die Definitionen sind daher so allgemein wie möglich gehalten.

Bodhisattva:
Ein Lebewesen, das, um allen anderen Wesen den Weg aus dem Leid in die Freiheit zu zeigen, sich auf den Weg gemacht hat, seine innere Geist-Natur so zu läutern, daß es die vollkommene Erleuchtung erlangt, d. h. zu einem Buddha wird. Der Bodhisattva ist daher das Leitbild des Mahāyāna-Buddhismus.

Buddha:
Der vollkommen Erleuchtete, der Erhabene, der die höchste, unübertreffliche Erleuchtung erlangt hat, jenseits von Leid und Nichtwissen. Der Buddha ist aus dem phänomenalen Sein ins wahre, ungeschaffene Sein übergegangen und daher mit der Wahrheit und Wirklichkeit identisch. Man unterscheidet den Buddha unseres Weltzeitalters, Gautama aus dem Haus der Śakya-Fürsten, der um die Mitte des ersten vorchristlichen Jahrtausends in Indien wirkte, und die Buddhas vergangener und zukünftiger Weltzeitalter. Da der Buddha das wahre Sein, die Wirklichkeit *ist*, sind alle Vorstellungen und Bilder von ihm einesteils ungenügend, andernteils Hinweise auf eben dieses wahre Sein. Der Buddha ist aber kein Gott, kein Schöpfer, kein Erlöser. Er war vielmehr vor seiner Erleuchtung ein Lebewesen gleich allen anderen. Und so ist das Ziel aller Lebewesen die Erreichung der Buddhaschaft.

Dharma:
Einesteils die Lehre des Buddha, andernteils aber auch die Wirklichkeit an sich, denn der Buddha lehrt die höchste Wirklichkeit, sein eigenes Sein. So ist der personale Aspekt des Dharma das wahre Sein des Buddha, der *dharmakāya.*

Karma:
Zunächst bezeichnet dieser Begriff die Tat und dann als die Summe aller Tendenzen, die den Taten – auch allem Gedachten und Gesprochenen – innewohnen, jene Kraft, die das Schicksal des Menschen und aller anderen Lebewesen bestimmt.

Lama:
Spiritueller Lehrer im tibetischen Buddhismus. Als Vermittler des Dharma ist er für den Schüler mit dem Buddha identisch, denn beide – Buddha und Lama – sind der Quell des Dharma. Es ist daher nur angemessen, wenn der Lama im Kult und in der vertrauensvollen Hingabe des Schülers den gleichen Rang wie Buddha einnimmt.

Mahāyāna:
Das sog. »Große Fahrzeug« des Buddhismus, das alle Wesen in den Befreiungs- und Erlösungsprozeß einschließt. Das Leitbild des Mahāyāna ist der Bodhisattva. Die Motivation für den spirituellen Wandel ist die mitfühlende Liebe zu allen Wesen und der feste Wille, ihnen den Weg zur Freiheit vom Leid zu zeigen. Das Ziel des Mahāyāna ist, daß alle Wesen sich ihrer innewohnenden Geist-Natur bewußt und damit Buddha werden.

Saṅgha:
Die Gemeinschaft jener, die dem Dharma folgen und ihre Zuflucht im Buddha sehen. Konkret und im engeren Sinn bezeichnet dieser Begriff die Mönche und Nonnen des Buddha.

Sūtra:
Lehrreden des Buddha, die sich an jene richten, die dem Bodhisattva-Ideal folgen. Der Tradition gelten die Sutren als authentisches Wort Buddhas.

Tantra:
Lehrreden des Buddha, die sich nur an Hörer von besonders scharfer Erkenntnisfähigkeit richten. Sie beinhalten durch die Anwendung verschiedenster Symbole und Rituale stets die Verwandlung der unreinen, phänomenalen Natur in die eigentliche, unzerstörbare, diamantene Natur, das wahre Sein. Alle tantrischen Rituale und Meditationen dienen daher der Einübung und Verwirklichung der mystischen Vereinigung.

Yi-dam:
Archetypische Kräfte, die im Laufe des spirituellen Weges visuell erfahren werden. Diese Visualisationen erscheinen im Gewand indotibetischer Gottheiten, häufig in schreckenerregender Form. Der Yi-dam ist also eine göttliche Erscheinung der archetypischen Kräfte, die jedoch nicht den gegenwärtigen Entwicklungsstand des Individuums widerspiegeln, sondern Phasen aus dem Ende der spirituellen Entwicklung. Diesen Kräften kommt somit Vorbildhaftes zu. Keinesfalls sind die Yi-dam als Götter zu betrachten. In den Ermächtigungsweihen hilft der Lama dem Schüler, sich seines eigenen Yi-dam bewußt zu werden.

INDEX DER NAMEN UND BEGRIFFE